AF239077

Die schönsten Wandertouren

Mit
Bahn und Bus
in die Berge

60 Wanderungen in den Bayerischen Hausbergen

J. BERG

Inhalt

Rofangebirge und Karwendel

Isarwinkel und Estergebirge

Wetterstein und Mieminger Kette

Tourenüberblick

	Tour	🥾 km	⛰	🕐	🍴	☺	🏛	❄	🚡	☀
1 🔴	Jenner und Schneibstein	11 km	600/1675 Hm	5–6 Std.	●	●	●		●	
2 🔵	Wimbachklamm	17 km	700/700 Hm	5.30 Std.	●	●	●			
3 🔴	Lattengebirge	10,5 km	170/1050 Hm	3.30 Std.	●					●
4 🔴	Stöhrhaus und Berchtesgadener Hochthron	16,5 km	1360/1180 Hm	6.15 Std.	●					
5 ⚫	Hochstaufen	14 km	1300/1300 Hm	7 Std.	●					
6 🔴	Hörndlwand	16,5 km	935/935 Hm	5.30 Std.	●					●
7 🔵	Schnappenkirche und Staudacher Alm	10,5 km	600/600 Hm	4.15 Std.	●	●				
8 🔴	Kampenwand	6,5 km	300/1055 Hm	3.45 Std.	●				●	●
9 🔴	Geigelstein und Rossalm	11 km	1240/1240 Hm	6.30 Std.	●					
10 🔵	Klausen und Spitzstein	20 km	1270/1140 Hm	10 Std.	●					
11 🔵	Kaisertalrunde	23 km	1185/1185 Hm	5.45 Std.	●					
12 🔵	Petersbergl und Hohe Asten	5 km	825/825 Hm	3.30 Std.	●		●	●	●	
13 🔴	Brünnstein	12 km	1240/900 Hm	5 Std.	●				●	
14 🔵	Taubenberg	10,5 km	200/200 Hm	3 Std.	●	●				
15 🔴	Aiplspitz und Jägerkamp	13 km	1035/950 Hm	6.15 Std.	●					
16 🔴	Brecherspitz	12,5 km	885/885 Hm	5 Std.	●					
17 🔵	Bodenschneid und Bodenschneidhaus	11 km	930/575 Hm	4–5 Std.	●					
18 🔴	Rotwand	20 km	1130/1130 Hm	7–8 Std.	●					
19 🔵	Taubenstein und Rotwandhaus	14 km	290/1000 Hm	4 Std.	●				●	●
20 🔴	Wendelstein	11 km	130/1050 Hm	3 Std.	●	●	●		●	
21 🔵	Neureuth, Gindelalm und Kreuzbergalm	14 km	640/640 Hm	3.15 Std.	●	●				●
22 🔵	Tegernsee und Schliersee	10 km	530/500 Hm	3 Std.	●	●				●
23 ⚫	Risserkogel	14 km	1100/1100 Hm	6.30 Std.	●					
24 🔴	Königsalm und Schildenstein	13 km	750/750 Hm	5.30 Std.	●					
25 🔵	Aueralm und Fockenstein	17 km	825/825 Hm	5 Std.	●			●		
26 🔴	Roßstein und Tegernseer Hütte	6 km	800/800 Hm	4.30 Std.	●					
27 🔴	Erfurter Hütte und Rofanspitze	10 km	440/1280 Hm	5 Std.	●				●	
28 🔴	Falkenhütte und Mahnkopf	10 km	900/900 Hm	6.15 Std.	●					
29 🔴	Lamsenjoch	11,5 km	700/800 Hm	4 Std.	●					
30 🔵	Rontal-Tortal-Runde	12 km	890/890 Hm	4–5 Std.	●					

Tour		🥾 km	⛰	🕐	✕	☺	🏛	❄	⛷	🏊
31	● Mittenwalder Höhenweg	14 km	270/1600 Hm	8 Std.	●					●
32	● Birkkarspitze	23 km	1785/1785 Hm	11 Std.	●					
33	● Geierstein	11 km	815/815 Hm	4.30 Std.	●					
34	● Lenggrieser Hütte und Seekarkreuz	12 km	920/920 Hm	5 Std.	●	●			●	
35	● Blomberg und Zwiesel	8,5 km	130/650 Hm	2.30 Std.	●	●		●	●	
36	● Brauneck	8 km	20/860 Hm	3.30 Std.	●	●		●	●	
37	● Benediktenwand	12 km	1180/1180 Hm	7 Std.	●					
38	● Jochberg und Jocheralm	9 km	750/750 Hm	4 Std.	●					●
39	● Herzogstand und Heimgarten	16 km	950/1200 Hm	6 Std.	●				●	
40	● Estergebirge	22 km	1450/1350 Hm	8.30 Std.	●					
41	● Wank und Gschwandtnerbauer	13 km	170/1210 Hm	4.15 Std.	●				●	
42	● Schachen	28 km	975/1160 Hm	9 Std.	●		●			
43	● Eckbauer und Partnachklamm	12 km	530/530 Hm	4 Std.	●	●		●	●	
44	● Reintalangerhütte	17 km	670/670 Hm	9 Std.	●					
45	● Kreuzeck und Höllentalklamm	10 km	170/1060 Hm	4 Std.	●			●	●	
46	● Zugspitzplatt und Gatterl	18 km	50/2050 Hm	6 Std.	●				●	
47	● Coburger Hütte und Drachensee	7 km	415/415 Hm	4.30 Std.	●					●
48	● Kramer	18 km	1285/1285 Hm	6.30 Std.	●					
49	● Hörnle	8 km	160/720 Hm	3–4 Std.	●	●			●	●
50	● Notkarspitze	11,5 km	1000/1050 Hm	5 Std.	●					
51	● Kofel	7 km	520/520 Hm	3.45 Std.	●	●				●
52	● Pürschlinghäuser	11 km	1030/1030 Hm	4 Std.	●			●	●	
53	● Ettaler Manndl	7 km	50/800 Hm	5.30 Std.	●					●
54	● Upsspitze und Daniel	6 km	1350/1350 Hm	6.30 Std.	●					
55	● Tegelberghaus und Branderschrofen	6,5 km	170/1050 Hm	3.45 Std.	●	●			●	
56	● Säuling	6,5 km	1230/1230 Hm	7 Std.	●					
57	● Pfrontener Hochalpe	10 km	720/1000 Hm	5.30 Std.	●					●
58	● Grünten	16 km	900/900 Hm	7.15 Std.	●					
59	● Heilbronner Höhenweg	22 km	1850/1850 Hm	10.30 Std.	●					
60	● Hochgrat	10 km	150/1010 Hm	4.15 Std.	●					●

Am Anstiegsweg auf den Kramer machen wir natürlich auch Station beim Berggasthaus St. Martin am Grasberg, denn erst am Abstiegsweg vom Gipfel treffen wir auf eine weitere Einkehrstelle, die Stepbergalm. Doch diese ist nur zur Weidesaison bewirtschaftet.

Wandern mit Bahn und Bus

Bahn- und Busverbindungen

Nicht nur die Klimadebatte, auch ein gesteigertes Umweltbewusstsein macht die öffentlichen Verkehrsmittel wieder populär. Schon so mancher Bergwanderer hat in den letzten Jahren bemerkt, dass zahlreiche Ausgangspunkte beliebter Wanderungen in den Bayerischen Hausbergen bequem auch mit der Bahn oder in Kombination mit einer kurzen Busfahrt ab dem Zielbahnhof erreichbar sind. Die wachsenden Passagierzahlen bei der Deutschen Bahn, der privaten Meridian mit den Strecken München–Salzburg bzw. München–Kufstein mit der angeschlossenen BOB (Bayerische Oberlandbahn) und den Bayerischen Regio-Bahnen (BRB) unterstreichen diesen Trend. Auch der RVO (Regionalverkehr Oberbayern mit den »Oberbayern«-Bussen) hat einige Strecken spe-

ziell für Bergwanderer und Bergsteiger eingerichtet.
Doch die Anreise mit Bahn und Bus bietet noch mehr
Vorteile als eine stressfreie Anfahrt durch Vermei-
dung von Staus. Die stark gestiegenen Spritkosten
machen den Wanderausflug für Einzelwanderer zum
teuren Vergnügen. Überdies können die Touren besser kombiniert werden. Da der Zwang entfällt, zum
Ausgangspunkt zurückzukehren, sind Überschrei-
tungen von Bergstöcken oder kleinen Berggruppen
möglich. Statt Rundwanderungen oder der Rückkehr auf dem Anstiegsweg können Ausgangs- und
Endpunkte einer Wanderung verschieden sein. Und
nicht zuletzt: Wer genießt es nicht, sich nach einer anstrengenden Bergtour bequem zurückzulehnen und
die Arbeit dem Lokführer zu überlassen? Zahlreiche
Tourenvorschläge in diesem
Band wurden so ausgewählt,
dass die Wanderung direkt am
Zielbahnhof beginnen kann,
das Umsteigen in einen Bus
also entfällt. Von den Bahn-
knotenpunkten München,
Augsburg und Ulm bestehen
stündliche Verbindungen in
die wichtigen Regionalzentren:
im »Werdenfels-Takt« und im
»Allgäu-Schwaben-Takt«.
Das Werdenfelser Land und
das Allgäu sind im Süden

Die Bayerische Oberlandbahn
wird besonders von Wanderern
gerne in Anspruch genommen.

zudem über die Außerfernbahn nahezu im Zwei-
stundentakt zwischen Garmisch-Partenkirchen über
Lermoos, Reutte, Pfronten und Kempten verbunden.
Auf der Strecke München–Rosenheim/Kufstein bzw.
Freilassing gibt es zwar keinen Stundentakt, durch
die Häufigkeit der Verbindungen wird ein solcher
aber nahezu erreicht. Für die Benutzer der Bahnlinien

der Deutschen Bahn AG, der BOB und des Meridian gibt es attraktive Tickets.

Bayern-Ticket

Fünf Personen (Erwachsene) können mit einem Ticket für 53 Euro (Single-Ticket für 25 Euro; für jede weitere Person 7 Euro mehr; bei Beratung und Kauf am Schalter jedoch 2 Euro mehr) an einem Tag beliebig viele Fahrten in ganz Bayern in allen Nahverkehrszügen – einschließlich S-, U- und Straßenbahnen sowie fast aller Linienbusse – unternehmen. Das Ticket ist gültig von Montag bis Freitag von 9 bis 3 Uhr des Folgetages, an Wochenenden und

Die kleine Kapelle unterhalb des Neureuthauses

an Feiertagen sogar schon ab 0 Uhr. Für Familien gilt: Bis zu zwei Erwachsene können beliebig viele eigene Kinder oder Enkel unter 15 Jahren kostenfrei mitnehmen. Einige Reiseziele, z. B. Bergbahnen, Museen, Thermen, Schiffe etc., gewähren Nutzern des Bayern-Tickets Preisermäßigungen (also gerne mal nachfragen!). Mittlerweile gibt es auch schon Bayern-Tickets für die Nacht (diese sind sogar günstiger als die Tagestickets). Infos unter www.bahn.de/bayern bzw. www.bayern-fahrplan.de.

Schönes-Wochenende-Ticket

Dies ist ein deutschlandweit gültiges Ticket für bis zu fünf Personen und beliebig viele Fahrten in Nahverkehrszügen (InterRegio-Express, Regio-Express, Regio-Bahn und S-Bahn), allerdings in der Regel außerhalb von Verkehrsverbänden. Das Ticket gilt

samstags oder sonntags in der Zeit von 0 bis 3 Uhr des Folgetages und kostet 44 Euro für Einzelpersonen plus 6 Euro für jede weitere Person (max. vier weitere Mitreisende). Kinder unter 15 Jahren fahren

Auf dem Panoramaweg von der Bergstation zur Tölzer Hütte; dahinter ragt der Schrödelstein auf.

meist kostenlos mit. Für größere Gruppen gibt es eigene Angebote.

Regio-Ticket Werdenfels

Das Gebiet rund um Garmisch-Partenkirchen kann günstig mit diesem Ticket erreicht werden. Für nur 22 Euro (für die erste Person) können bis zu fünf Personen gemeinsam fahren (für jede weitere 7 Euro). Zwischen 0 und 3 Uhr des Folgetages können die Züge der DB Regio mit dem MVV München, den S-Bahnen und den Buslinien der RVO (Regionalverkehr Oberbayern) kombiniert und kostenlos benutzt werden. Drei Kinder von 6 bis einschließlich 14 Jahren sowie alle Kinder unter sechs Jahren fahren unentgeltlich mit und werden bei der Ermittlung der Personenzahl nicht gezählt. Damit können die Bahnstrecken München–Kochel, München–Garmisch-Partenkirchen–Mittenwald, München–Oberammergau und München–Garmisch-Partenkirchen–Pfronten (Außerfernbahn) abgedeckt werden.

Regio-Ticket Allgäu-Schwaben

Das Gebiet zwischen München, Füssen, Pfronten, Oberstdorf und Lindau (bezogen auf die Tourenvorschläge in diesem Buch) kann günstig mit diesem Ticket erreicht werden. Für nur 23 Euro (für die erste Person) können bis zu fünf Personen gemeinsam fahren (für jede weitere 7 Euro). Montag bis Freitag zwischen 9 und 3 Uhr des Folgetages sowie an Samstagen, Sonntagen und gesamtbayerischen Feiertagen bereits ab 0 Uhr können die Züge der Bay-

Die Bergweiden führen an der Kampenwand bis an die Gipfelfelsen heran.

erischen Regio-Bahn (BRB) kombiniert und kostenlos genutzt werden. Drei Kinder von 6 bis einschließlich 14 Jahren sowie alle Kinder unter sechs Jahren fahren unentgeltlich mit und werden bei der Ermittlung der Personenzahl nicht gezählt.

Der Fockenstein ist nur einen Steinwurf weit von der Aueralm entfernt.

Bergsteigerbusse

Für Wanderer und Bergsteiger gibt es von DB Oberbayernbus besondere Streckenangebote: Der Bergsteigerbus ins Karwendel verkehrt von etwa Anfang Mai bis Ende Oktober zwischen Lenggries (Zuganbindung mit der BOB) und der Eng (zunächst dreimal am Wochenende und an den Feiertagen, ab ca. 10. Juni bis ca. 10. Oktober zusätzlich zweimal wochentags). Zwischen Bad Tölz und der Eng gibt es dafür eine Sonderrückfahrkarte (direkt beim Busfahrer), für Fahrgäste aus München bieten die BOB und der Oberbayernbus das »Karwendel-Ticket« an (an allen Stationen der BOB). Das Bayern-Ticket gilt

Vom Berggasthaus Petersberg hat man einen freien Blick aufs Alpenvorland. An kühlen Tagen kann man sich drinnen am geheizten Kachelofen wärmen.

bis zur Haltestelle Oswaldhütte. Mittlerweile gibt es auch einen Zubringer von Garmisch-Partenkirchen (umsteigen in Krün) in den Linienbus in die Eng. Ein weiterer Bergsteigerbus verbindet Tegernsee (Zuganbindung mit der BOB) über Kreuth mit der Rofanbahn und Pertisau.

Von den vier Bergsteigerdörfer in Deutschland liegen alle vier im Wanderbereich dieses Führers: Ramsau, Schleching, Sachrang und Kreuth. Dort gibt es zusätzliche Busangebote, die den Linienverkehr ergänzen. So bietet z. B. Ramsau einen Rufbus (bzw. ein Ruftaxi) an, der Wanderer auch von abgelegeneren Orten abholt (Montag bis Sonntag zwischen 7 und 22 Uhr; Tel. 08652/96 48 22). Im Allgäu gibt es einen ähnlichen Service mit dem Anruf-Sammel-Taxi. Kreuth bietet einen kostenlosen Busservice hinüber nach Achenkirch am Achensee.

Fahrpläne und Fahrzeiten

Die aktuellen Fahrpläne und Fahrzeiten lassen sich am besten über das Internet abrufen: www.bahn.de

bzw. www.bayerischeoberlandbahn.de bzw. www. rvo-bus.de und www.seenschiffahrt.de.

Für das Streckennetz der BOB gibt es zwei kleine, kostenlose Faltpläne zum Einstecken, einen für die Strecke München–Bayrischzell und einen für die Strecke München–Lenggries/Tegernsee; ideal also für die Mitnahme auf die Tour. So hat man immer parat, an welchen Tagen die BOB fährt bzw. nicht fährt, bzw. an welchen Tagen (z. B. am Wochenende) sie zusätzlich fährt.

Bitte beachten Sie, dass die Züge der BOB vom nördlich gelegenen Starnberger Flügelbahnhof des Münchner Hauptbahnhofs abfahren. Das Streckennetz der BOB wird in der Regel im Stundentakt bedient, einige Verbindungen nur von Montag bis Freitag, andere nur Samstag und Sonntag sowie an Feiertagen.

BahnCard, Bayern-Ticket und Schönes-Wochenende-Ticket gelten auch auf Linien der Bayerischen Oberlandbahn. Zudem gibt es Gruppenfahrscheine und Mehrfahrtentickets.

Auch auf den Allgäuer Hütten geht es traditionell bayerisch zu, wenn auch manchmal nur in Form von Tischdekoration.

Mitte: Alle Touren verlaufen auf gut instand gehaltenen Wegen und Steigen. Bei einigen sind allerdings Trittsicherheit und Schwindelfreiheit gefragt.

Allgemeine Wandertipps

Zum Gelingen eines Wanderausflugs tragen natürlich eine gute Vorbereitung und die entsprechende Ausrüstung ihren Teil bei. Hier einige Hinweise, Adressen und Empfehlungen.

Anfahrt

Diese erfolgt in der Regel zuerst mit der Bahn, doch ist bei einigen Touren ein Umsteigen in einen RVO-/RVA-Bus (»Oberbayernbus«) nötig, um zum Ausgangspunkt zu gelangen. Im Infokasten jedes Tourenvorschlags werden die wichtigsten Verbindungen angegeben.

Die Abfahrtszeiten der Bahnen bzw. der Busse ändern sich immer wieder und sind auch von den Sommer- bzw. Winterfahrplänen abhängig. Diese können heute leicht über die entsprechenden Internetseiten aufgerufen werden. Um also sicherzugehen, dass wir nach einer anstrengenden Bergtour nicht umsonst auf einen Bus oder Anschluss warten, empfiehlt sich vor Antritt der Tour eine Abklärung über die auf den vorhergehenden Seiten angebotenen Informationsstellen.

Alle in diesem Band vorgestellten Touren sind gut ausgeschildert, wie hier am Blomberg bei Bad Tölz.

Anforderungen

Die Anstiegswege zu den in diesem Band vorgestellten Tourenzielen führen in der Regel über gut instand gehaltene Wege und Steige; sie sind meist ausgeschildert bzw. markiert.

Die meisten der hier vorgestellten Wanderungen sind für den Normalbergwanderer und -bergsteiger gedacht. Einige der Routen – besonders bei den Gipfelabstechern – erfordern jedoch Trittsicherheit und Schwindelfreiheit, bei einigen ist auch Bergerfahrung (z. B. Mittenwalder Höhenweg/Klettersteig) erforderlich.

Rechte Seite: Die Kirche von Kreuth steht etwas oberhalb des Ortskerns. Sie ist Ausgangspunkt der Leonhardi-Wallfahrt im November.

16

Ausrüstung

Dazu gehören feste Schuhe mit Profilgummisohle, die vor allem dem Knöchel einen guten Halt geben müssen (sogenannte Trekkingschuhe), sowie ein Rucksack mit Kleidung zum Wechseln, Regenschutz und Proviant (Trinkflasche), falls die angesteuerte Hütte oder Alm gerade Ruhetag hat oder aus einem triftigen Grund geschlossen sein sollte. Nur bei einigen wenigen der hier vorgeschlagenen Routen gibt es keine Einkehrmöglichkeit. Ein Erste-Hilfe-Set sowie eine Trillerpfeife für die Signalgebung, falls man einmal in Bergnot kommen sollte, gehören ebenfalls in jeden Rucksack.

Und natürlich die Bahn-, Bus- und Schifffahrtspläne (manche sind auch in gedruckter Form erhältlich), damit die Zeitplanung auf der Tour nicht durcheinandergerät.

Bergbahnen und Seenschifffahrt

Bei einigen der hier vorgestellten Touren wurde die Benutzung von Bergbahnen miteinbezogen. Diese sind in der Regel ganzjährig in Betrieb, da sie vorwiegend für den Wintersport erbaut wurden. In den Übergangszeiten (November/Dezember und nach der Schneeschmelze) muss jedoch wegen Revisionsarbeiten bzw. wegen zu geringer Auslastung mit Stillstand gerechnet werden. Dies kann einen erheblichen Einfluss auf die Zeitplanung haben. Bei einer Wanderung (Tour 1) erfolgt die Rückfahrt mit einem Schiff (eine Alternative ist jedoch möglich); hier bitte ebenfalls auf die Abfahrtszeiten achten.

Bergrettung und alpines Notsignal

Auch wenn wir nicht hoffen, dass ein Hilferuf nötig sein wird, die Gesundheit sollte nie aufs Spiel gesetzt werden. Kaum eine Wanderung kann so einfach sein, dass nicht einmal der Ernstfall eintreten könnte – z. B. bei Blitzschlag oder Wettersturz, bei Erdrutschen oder Steinschlag.

Das international eingeführte Notsignal sollte deshalb auch jeder Wanderer im Ernstfall anwenden können: Innerhalb einer Minute wird sechsmal in regelmäßigen Abständen ein hörbares oder sichtbares Zeichen (Pfeifen / Blinken) gegeben, dann eine Minute Unterbrechung, wiederholen. Der Empfänger antwortet mit dreimaliger Zeichengebung in der Minute. Am einfachsten hierfür ist die Mitnahme eines Trillerpfeifchens, wie es im Sport verwendet wird.

Die moderne Technik ist allerdings schon weiter. Seit vielen Jahren hat sich der Einsatz von Handys durchgesetzt. Die meisten, aber nicht alle, Funklöcher wurden in der Zwischenzeit geschlossen, sodass ein nahezu lückenloses Funknetz vorhanden ist. Wichtig

Auf dem Gipfel des Brünnsteins steht eine kleine Kapelle. Das Gipfelkreuz befindet sich etwas nördlich davon.

ist natürlich, die entsprechenden Telefonnummern parat zu haben: z. B. die der Bergwachtstellen in den einzelnen Gebieten – oder die Notrufnummer 112, die mittlerweile alpenweit gilt. Und natürlich muss vor der Abreise der Akku geladen werden. Heute kann aber auch auf vielen Hütten nachgeladen werden. Nur sollte man sich nicht immer darauf verlassen.

Gehzeiten und Höhenmeter

Die angegebenen Gehzeiten verstehen sich ohne Rastpausen, sind aber großzügig bemessen. In der Regel werden bei durchschnittlichem Gehtempo 400 Höhenmeter (Hm) im Anstieg bewältigt, im Abstieg 600 bis 800 Höhenmeter. In der Ebene legt der durchschnittliche Wanderer etwa vier Kilometer pro Stunde zurück.

Karten

Am genauesten sind die Topografischen Blätter des Bayerischen Landesamtes für Digitalisierung, Breitband und Vermessung (LDBV). Bei der jeweiligen Tour wird auf das entsprechende Kartenblatt hingewiesen. Weitere Kartenblätter gibt es von Kompass und Freytag & Berndt.

Tourenplanung und Wetter

Erkundigen Sie sich vor der Tour nach der Wetterlage (Nachrichten, Internet, Anruf beim Fremdenverkehrsamt vor Ort), besonders, wenn mit Kaltwettereinbrüchen zu rechnen ist. Sommerlicher Neuschnee lässt die Temperaturen rasch sinken und evtl. aufsteigender Nebel schafft auch schnell Orientierungsprobleme, selbst in den Vorbergen. Besonders in den Übergangszeiten ist es ratsam, die Hütte oder Alm zu kontaktieren oder im Internet zu prüfen, ob das angesteuerte Einkehrziel geöffnet hat.

Einkehr und Übernachtung

Wir können natürlich bei unseren Ausflügen in die Bayerischen Hausberge den Zeitdruck verringern und die eine oder andere Hüttenübernachtung einplanen.

Die meisten Unterkunftshütten in den Alpen wurden von den alpinen Vereinigungen (z. B. Deutscher und

Österreichischer Alpenverein, Touristenverein »Die Naturfreunde«) erbaut und durch markierte Wege erschlossen. Die Benutzung dieser Hütten ist nicht an eine Mitgliedschaft gebunden, jedoch erhalten Mitglieder einige Vergünstigungen (z. B. reduzierter Übernachtungspreis, Vorrecht auf Schlafplatz, Bergsteigeressen, Teewasser etc.). Angeboten werden

Die Außerfernbahn verbindet Garmisch-Partenkirchen mit Kempten; hier hat sie gerade den Bahnhof verlassen und fährt in Richtung Ehrwald.

Mehrbettlager und Zimmer mit Etagenbetten. Zwischen den meisten alpinen Vereinen besteht Gegenrecht, d. h. die Vergünstigungen werden auch den Mitgliedern der anderen Vereine eingeräumt. Selbstversorgerhütten dürfen in der Regel nur von AV-Mitgliedern benutzt werden. Wer auf einer Alpenvereinshütte übernachten will, benötigt dafür einen Hüttenschlafsack, dieser kann jedoch auf jeder bewirtschafteten Hütte erworben werden. Hüttenruhe ist in der Regel ab 22 Uhr. Bei Privathütten entfallen diese Beschränkungen. Bei der Nennung der Hütten und Almen haben wir auf die Angabe der Öffnungszeiten, Bettenzahl etc. verzichtet, da diese sich aufgrund von Witterungsverhältnissen und Umbauten schnell mal ändern können. Mittlerweile verfügen all diese Alpenvereins- und Privathütten, aber auch die Einkehralmen, über eigene Webseiten, über die wir den aktuellen Stand jederzeit erfahren können.

Linke Seite: Das erweiterte Brünnsteinhaus bietet auch eine großzügige Terrasse; bei geringem Andrang Anlass, die Sitzbänke zur Entspannung zu nutzen.

Alpine Auskünfte

Die Alpine Auskunftsstelle des Deutschen Alpenvereins (www.alpenverein.de) geht mit der Zeit: Seit 2016 gibt es keine telefonische Auskunft mehr. Nun ist der Service 24 Stunden am Tag auf der Webseite www.alpenvereinaktiv.com abrufbar. Auf dem neuen Tourenportal können nahezu alle Fragen beantwortet werden, die bisher telefonisch oder per E-Mail gestellt wurden.

Den Österreichischen Alpenverein (www.alpenverein.at) erreichen Sie unter +43/512/58 78 28 und info@alpine-auskunft.at.

Bergwetterinformationen erhalten Sie über den Deutschen Wetterdienst unter www.dwd.de und 0180/291 39 13. Lawinenlageberichte gibt ein Tonband unter 089/92 14 12 10 oder das Internet unter www.lawinenwarndienst-bayern.de.

Blick von Vordergern im
Berchtesgadener Land auf
die Watzmannfamilie

Berchtesgadener Alpen

1 Auf Jenner und Schneibstein

Zwei Panoramaberge über dem Königssee

Mittel · 11 km · 600/1675 Hm · 5–6 Std.

Tourencharakter: Leichte Wanderwege, Bergsteige und Wirtschaftswege

Ausgangspunkt: Talstation der Jennerbahn (610 m)

Endpunkt: Bushaltestelle Königssee, am Großen Parkplatz (600 m)

Höchste Punkte: Jenner (1874 m), Schneibstein (2275 m)

Anfahrt: Mit der Bahn von München nach Berchtesgaden. Fahrzeit: knapp 3 Stunden. Oberbayernbus nach Königssee, fährt vom Bahnhofsvorplatz ab. RÜCKFAHRT: Vom Haltepunkt Kessel mit Schiff zurück zum Nordufer

Bergbahn: Jennerbahn (Anfang Mai bis Ende Oktober)

Einkehr: Carl-von-Stahl-Haus (AV-Haus; Übernachtung), Schneibsteinhaus (TVN, Übernachtung), Jennerhaus, Königsbachalm

Karte: TK 1:50 000 Berchtesgadener Alpen (LDBV)

Informationen: www.berchtesgadener-land.com

Der Kegel des Jenner hoch über dem Königssee ist Panoramakanzel und Wanderdrehkreuz in einem. Watzmann, Königssee und das glitzernde Firnfeld der Übergossenen Alm bannen unseren Blick. Zum leichtesten Zweitausender der Berchtesgadener Alpen ist es von dort fast nur ein Katzensprung.

Auf den Jenner: Von der Jenner-Bergstation (1802 m) wandern wir rechts haltend auf einem breiten Wanderweg zuerst hinauf zur Aussichtsplattform. Von dort sind es nur noch wenige Minuten auf dem Bergwanderweg bis zum höchsten Punkt mit dem Gipfelkreuz.

Zum Schneibstein: Von der Bergstation der Jennerbahn folgen wir links haltend den Wegweisern zum Carl-von-Stahl-Haus und zum Torrener Joch. Zu-

nächst geht es hinab in den Sattel zwischen Jenner und Hohem Brett, dann folgen wir dem markierten Höhenweg überwiegend durch Latschen zum Torrener Joch (1731 m), wo sich das Carl-von-Stahl-Haus befindet. Vom Alpenvereinshaus führt ein bezeichneter Steig (Mark.-Nr. 416) zuerst in südöstlicher Richtung an den Bergfuß, dann an einem Felsköpferl vorbei durch Latschen zum oberen Rand der Teufelsgemäuer (Trittsicherheit erforderlich), dann weiter über die freien Berghänge, bis die Route links über den sanften Nordwestgrat (eine schrofige Rampe) zum Gipfel leitet.

Das vor einigen Jahren erweiterte Carl-von-Stahl-Haus auf dem Torrener Joch. Es liegt auf der Grenze zwischen Bayern und Salzburger Land.

Linke Seite: Der Schneibstein vom Anstiegsweg zum Alpenvereinshaus; er gilt als der leichteste Zweitausender der Berchtesgadener Alpen.

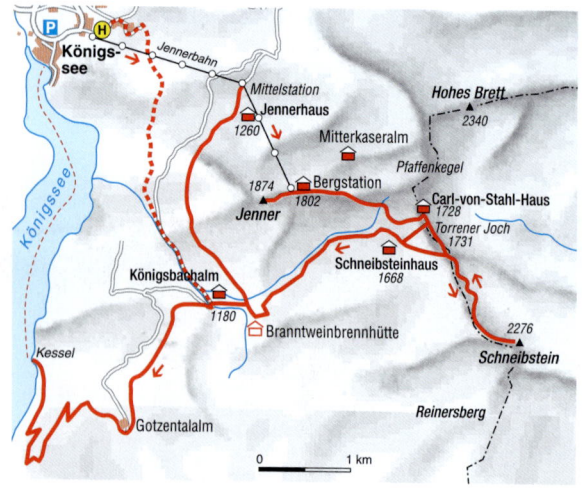

Abstieg über die Königsbachalm zum »Kessel«: Von der Bergstation weist rechts haltend ein markierter, serpentinenreicher Wanderweg steil hinab zum Wirtschaftsweg, der aus dem Tal bis hinauf zum Schneibsteinhaus führt. Dort, wo wir auf das steile Sträßchen treffen, halten wir uns rechts und wandern hinab bis zur Wegverzweigung oberhalb der Königsbachalm (hier können wir rechts zur Mittelstation zurückkehren; Mark.-Nr. 497). Wir wandern jedoch weiter zur Königsbachalm (hier geht es rechts über den Hochbahnweg hinab nach Königssee). Etwas oberhalb der engen Kehre folgen wir links dem breiten Wanderweg (Mark.-Nr. 493), zunächst durch Weidehänge, dann durch Wald hinüber zur unbewirtschafteten Gotzentalalm. Nach dem Überschreiten des Bachgrabens zweigt rechts der breite ehemalige Reitweg (Mark.-Nr. 494) in Richtung Kessel ab. In weiten Serpentinen leitet uns der Weg durch Wald hinab zum Ufer des Königssees, wo wir dann ein Boot zurück zum Nordufer des Königssees besteigen können.

Rechte Seite: Blick von der Terrasse des Stahlhauses auf den Beginn des Anstiegsweges auf den Schneibstein

2 Durch die Wimbachklamm zur Wimbachgrieshütte

In das wildeste Bachtal des Nationalparks

Leicht   17 km   700/   5.30 Std.
                 700 Hm

Tourencharakter: Leichte Tour auf breitem Wanderweg. Die Durchquerung der Wimbachklamm erfolgt auf gut gesichertem Steig.

Ausgangs-/Endpunkt: Bushaltestelle Wimbachbrücke (634 m)

Höchster Punkt: Wimbachgrieshütte (1327 m)

Anfahrt: Mit der Bahn über Rosenheim und Freilassing (umsteigen) nach Berchtesgaden. Fahrzeit: knapp 3 Stunden. Der RVO-Bus nach Ramsau fährt am Bahnhofsplatz ab; aussteigen an der Haltestelle Wimbachbrücke.

Einkehr: Wimbachschloss (Tagesbetrieb), Wimbachgrieshütte (1327 m, TVN-Hütte, Übernachtung)

Karte: TK 1:50 000 Berchtesgadener Alpen (LDBV)

Informationen: www.ramsau.de

Das Wimbachtal, das die beiden hochalpinen Felsriesen Watzmann und Hochkalter trennt, gehört zu den ursprünglichsten Tälern des deutschen Alpenraums. Ziel unserer Wanderung ist die Wimbachgrieshütte, wo wir einkehren und die hochalpine Szenerie auf uns wirken lassen können.

Wir beginnen unsere Wanderung am Parkplatz Wimbachbrücke und gehen zunächst auf dem zu Beginn asphaltierten Fahrweg steil hinauf zum Eingang der

Wimbachklamm (den Chip für den Eintritt müssen wir jedoch vorher besorgen; siehe dazu die Hinweistafeln). Dann lassen wir die rauschende, gurgelnde Felsenge auf uns wirken, die während der Schneeschmelze und nach starken Regenfällen ein besonders eindrucksvolles Erlebnis darstellt. Auf Holzstegen entlang und über Brücken hinweg genießen wir das Schauspiel der Wassermassen. Im Jahr 1843 wurde durch die Klamm zum letzten Mal Holz für den Salinenbetrieb getriftet, und 1847 hat man sie für den Ausflugsverkehr geöffnet.

Anschließend betreten wir das weite, wilde Wimbachtal. Auf nur langsam ansteigendem und breitem Wanderweg/Wirtschaftsweg (Mark.-Nr. 421) erreichen wir das Wimbachschloss (937 m). Es wurde

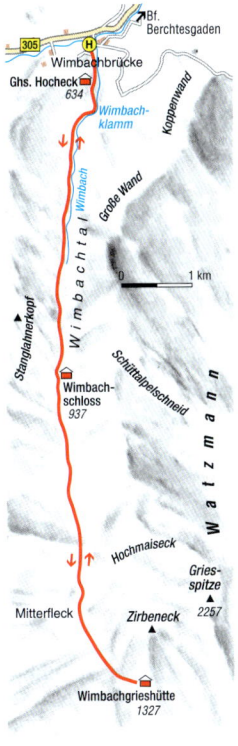

1784 vom letzten Propst als Jagdschloss erbaut und dient heute als reizvolle Einkehr am Weg.

Die alpine Kulisse entlang des Weiterwegs wird immer dramatischer. Im Jahr 1959 gab es hier einen gewaltigen Bergsturz, bei dem einige Hunderttausend Kubikmeter Felstrümmer zu Tal stürzten. Unser Ziel, die Wimbachgrieshütte (der Begriff »Gries« bezeichnet einen breiten Strom von Steinschutt), wurde 1924 als Stützpunkt eröffnet.

Der Rückweg erfolgt auf dem Anstiegsweg, wobei wir die gebührenpflichtige Klamm auf dem steilen Zufahrtsweg umgehen können.

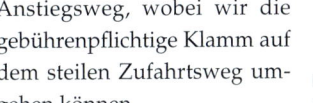

Die Wimbachklamm liegt am Auftakt unserer Wanderung.

3 Über das Lattengebirge

Vom Predigtstuhl zur sagenumwobenen Steinernen Agnes

Mittel · 10,5 km · 170/1050 Hm · 3.30 Std.

Tourencharakter: Der Abstiegsweg von der Bergstation nach Hallthurm erfolgt auf gutem Bergsteig. Bei Nässe jedoch Vorsicht, Rutschgefahr an ein paar Stellen.

Ausgangspunkt: Bergstation der Predigtstuhlbahn (1583 m)

Endpunkt: Bushaltestelle Hallthurm (693 m)

Höchster Punkt: Karkopf (1738 m)

Anfahrt: Mit der Bahn über Freilassing (umsteigen) nach Bad Reichenhall bis Hp. Kirchberg. Fahrzeit: 2,5 Stunden. Von dort zu Fuß über die Stadtbrücke zur Talstation der Predigtstuhlbahn. RÜCKFAHRT: Von Hallthurm mit RVO-Bus nach Bad Reichenhall-Hauptbahnhof; von dort mit der Bahn zurück nach München

Einkehr: Restaurant bei der Bergstation der Predigtstuhlbahn mit schöner Terrasse, Rasthaus Schlegelmulde (Tagesbetrieb)

Karte: TK 1:50 000 Berchtesgadener Alpen (LDBV)

Informationen: www.bad-reichenhall.de

Wir schweben mit der Seilbahn direkt über die Kurstadt hinauf zur Bergstation und genießen von dort den prächtigen Blick auf die Chiemgauer und Berchtesgadener Alpen. Beim Abstieg nach Hallthurm passieren wir das Felsgebilde der Steinernen Agnes. Zurück geht es dann mit dem Bahnbus.

Nach der Auffahrt zur Bergstation mit der weltweit ältesten noch in Betrieb befindlichen Großkabinenbahn erwartet uns ein leichter Höhenweg, der uns in einer knappen Viertelstunde zum Rasthaus Schlegelmulde leitet. Dort stärken wir uns mit einer Brotzeit, denn an unserem Abstieg nach Hallthurm liegt keine Einkehrmöglichkeit mehr.

Anschließend geht es auf Wanderweg (Nr. 404 A) in steilen Serpentinen hinauf zum Hochschlegel (1688 m), den ein Gipfelkreuz schmückt, dann leicht abwärts bis zur Wegverzweigung Karkopf/Törlkopf. Und natürlich statten wir der höchsten Erhebung des stark bewaldeten Lattengebirges, dem 1735 Meter hohen Karkopf, einen Besuch ab. Danach zurück zur Wegverzweigung und rechts weiter zum Aussichtspunkt Dreisesselberg (1680 m), wo wir einen schönen Blick hinab ins Alpgartental haben. Kurz zurück zur Wegverzweigung und nun links hinunter (bei Nässe Rutschgefahr!) in eine große Mulde und weiter zur aufgelassenen Steinbergalm mit schönem Rastplatz. Von dort wandern wir links weiter, bis wir nach 20 Minuten erstmals die Felsgestalt der Steinernen Agnes erblicken. Über uns thront die Schlafende Hexe. Wir wandern an ihr vorbei und treffen nach

wenigen Minuten auf eine Wegverzweigung. Hier folgen wir dem linken Abzweiger (der rechts abgehende Steig führt steil hinab nach Winkl) und gehen eben hinüber zu den Rotofentürmen, die einen Teil der Schlafenden Hexe bilden, wobei wir der Wegmarkierung mit der Nummer 469 folgen. Über den Rotofensattel und zahlreiche Serpentinen geht es durch Wald hinab nach Hallthurm (das letzte Stück entlang der Straße) und zum Bahnhof, wo sich der Bushalt befindet.

Das Rasthaus Schlegelmulde am Predigtstuhl

Links: Vom Restaurant auf dem Predigtstuhl haben wir einen herrlichen Ausblick auf die Staufengruppe.

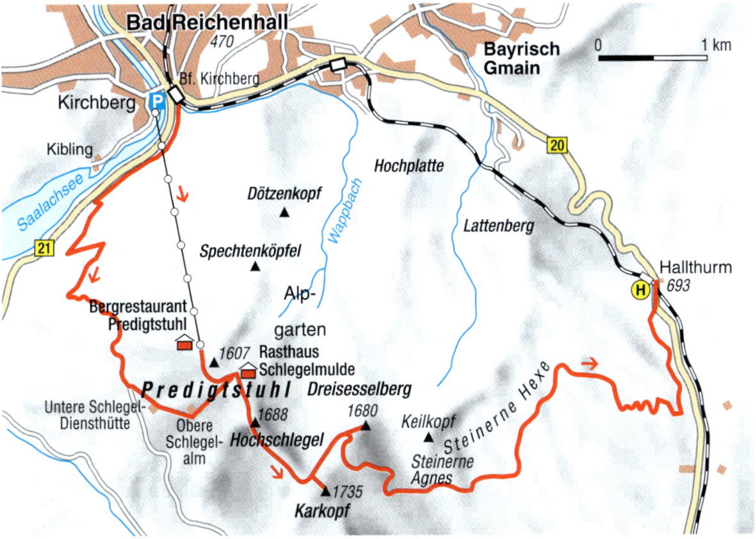

4 Stöhrhaus und Berchtesgadener Hochthron

Über den sagenumwobenen Untersberg

Mittel | 16,5 km | 1360/ 1180 Hm | 6.15 Std.

Tourencharakter: Der Anstieg über den Reisenkaser ist steil und anstrengend, der weitere Weg jedoch leicht, ebenso der Abstieg über das Leiterl. Trittsicherheit und Kondition sind jedoch erforderlich.

Ausgangspunkt: Bf. Bischofswiesen (615 m)

Endpunkt: Bushaltestelle Hintergern (790 m)

Höchste Punkte: Stöhrhaus (1894 m), Berchtesgadener Hochthron (1972 m)

Anfahrt: Mit der Bahn über Freilassing (umsteigen) nach Bischofswiesen (nur Haltepunkt für Regionalzüge). Fahrzeit: knapp 3 Stunden. RÜCKFAHRT: Von Hintergern mit RVO-Bus zum Bahnhof von Berchtesgaden; von dort zurück in Richtung München

Einkehr: Stöhrhaus (AV-Haus, Übernachtung), Berggasthof Dürrlehen und Gasthaus Bachgütl

Karte: TK 1:50 000 Berchtesgadener Alpen (LDBV)

Informationen: www.berchtesgadener-land.com

Ziel ist das Stöhrhaus auf dem Untersberg, eine von zwei reizvollen Alpenvereinshütten auf diesem sagenumwobenen, plateauartigen Gebirgsstock. Wir statten dem Berchtesgadener Hochthron einen Besuch ab, der uns mit einem grandiosen Panoramablick belohnt, und steigen dann nach Hintergern ab.

Am Bahnhof in Bischofswiesen queren wir die B 20 und gehen auf dem Fußweg zur Pfarrkirche, dort halten wir uns links, passieren das Rathaus, und am Ende des Platzes beginnt unser eigentlicher Wanderweg (Wegweiser »Maximilians-Reitweg«). Wir schlendern durch Wiesen auf den Bergfuß zu, treffen dort auf den Reitweg, halten uns auf diesem links und wandern am Bergfuß entlang nach Winkl. Am nordöstlichen Ortsrand zweigt rechts eine Forststraße ab (Mark.-Nr. 464), der wir nun bergwärts folgen.

Wir verlassen sie nach etwa 20 Minuten bei einer scharfen Rechtskehre und steigen durch Wald hinauf in den Sattel zwischen Nierntalkopf und Scheibelkopf. Dort treffen wir auf den von Hallthurm heraufführenden Steig, dem wir nun rechts haltend folgen. In steilen Serpentinen hinauf zum Reisenkaser. Im weiteren Verlauf dann im leichten Auf und Ab weiter zum Lisabethenkaser. Ein weiteres steileres Stück bringt uns zum sogenannten Leiterl. Dort links weiter über zwei weitere Geländestufen durch Latschen hinauf zum Stöhrhaus.

Linke Seite: Blick von Hintergern auf die Südabstürze des Untersbergmassivs

Von dort ist es nur mehr ein kleiner Abstecher zum höchsten Gipfel des Untersbergmassivs, dem Berchtesgadener Hochthron (40 Min. Auf- und Abstieg).

Vom Stöhrhaus zurück zum Leiterl. Diesmal passieren wir jedoch das Gatterl und steigen über Serpentinen auf der Gerner Seite ab. Nach einer Viertelstunde ist der anspruchsvollere Teil geschafft, und wir wandern nun bequem auf dem Stöhrweg entlang. Dann wendet sich der Weg nach links und führt uns in Serpentinen durch schönen Wald hinab zum Nusshof. Schließlich dort rechts auf Teersträßchen hinab nach Hintergern bis zur Bushaltestelle.

Berchtesgaden und Salzbergwerk

Da wir bei diesem Bergausflug wegen der Länge der Tour sicherlich auf der Hütte übernachten werden, haben wir am nächsten Tag Zeit für einen Bummel durch den historischen Ortskern von Berchtesgaden oder für einen Besuch des Salzbergwerks.

Hochstaufen und Zwiesel
von Nordosten gesehen

Chiemgauer Alpen
und Kaisergebirge

5 Auf den Hochstaufen

Paradetour auf den Hausberg
der Reichenhaller

Schwer 14 km 1300/ 7 Std.
              1300 Hm

Tourencharakter: Trittsicherheit und Schwindelfreiheit sind unbedingt erforderlich. Am Steinernen Jäger keine Sicherungsmittel. Ansonsten erfordert die Runde eine gehörige Portion Kondition. Am besten mit Übernachtung.

Ausgangs-/Endpunkt: Hbf. Bad Reichenhall (473 m)

Höchster Punkt: Hochstaufen (1771 m)

Anfahrt: Mit IC oder Regionalzügen über Rosenheim und Freilassing nach Bad Reichenhall-Hauptbahnhof. Fahrzeit: etwa 2,5 Stunden. Vom Hauptbahnhof weiter zu Fuß nach Nonn (bis hierher evtl. mit Bus) und hinauf zur Padinger Alm (1 Stunde). RÜCKFAHRT: Von Nonn mit RVO-Bus nach Bad Reichenhall-Hauptbahnhof

Einkehr: Reichenhaller Haus (1750 m, AV-Haus, Übernachtung)

Karte: TK 1:50 000 Berchtesgadener Alpen (LDBV)

Informationen: www.bad-reichenhall.de

Die Hochstaufengruppe bildet den östlichen Abschluss der Chiemgauer Alpen. Der höchste Berg der Gruppe, der Hochstaufen, lässt sich mit ein bisschen Anlauf auch mit öffentlichen Verkehrsmitteln erreichen. Kurz unterhalb des Gipfels erwartet uns eine Alpenvereinshütte mit einem Ausblick der Extraklasse.

Vom Hauptbahnhof in Bad Reichenhall folgen wir zunächst der Bahnhof-, dann der Wittelsbacherstraße stadteinwärts, bis rechts die Kurfürstenstraße abzweigt. Auf dieser bis zur Umgehungsstraße, die wir unterqueren, dann durch die Saalachauen zur Saalach. Der Nonner Steg führt uns hinüber auf die andere Seite. Wir treffen auf eine Fahrstraße, halten uns links und wandern durch die Nonner Au weiter. Dann folgen wir der Nonner Oberlandstraße, bis rechts am Bergfuß der steile Fahrweg zur Padinger Alm abzweigt. Bald müssen wir links entlang des ausgeschilderten Wanderweges abbiegen, der sich in einigen Schleifen durch den Wald zieht.

Vom Wanderparkplatz – bei der mittlerweile nicht mehr bewirtschafteten Padinger Alm – folgen wir einer Forststraße zu einer Wegverzweigung. Dort rechts weiter. Der anfangs breite Weg verengt sich bald und führt uns durch dichten Wald hinauf zur freien Buchmahd und weiter zum Ostgrat. Zuerst steigen wir auf dem luftigen Grat an, dann verläuft unser Weg über gestuftes Gelände und leitet uns hinauf zum Reichenhaller Haus, das knapp unterhalb des Hochstaufengipfels liegt.

Auf dem Gipfel des Hochstaufens

Abstieg über die Bartlmahd: Vom Reichenhaller Haus wandern wir anschließend auf dem in Richtung Westen verlaufenden Steig leicht fallend abwärts und folgen diesem bis zur Scharte, die den Hochstaufen vom Mittelstaufen trennt. Dann steigen wir über steile Serpentinen durch schrofiges, mit Latschen durchsetztes Gelände ab zur überwachsenen Bartlmahd, halten uns dort links und wandern durch Wald hinab bis zu der Forststraße, die wir zu Beginn des Anstiegs benützt haben. Auf dieser dann hinab zur Padinger Alm und auf dem bereits bekannten Weg zurück zum Ausgangspunkt.

6 Runde über die Hörndlwand

Eine urige Alm und ein aussichtsreicher Gipfel

Mittel | 16,5 km | 935/935 Hm | 5.30 Std.

Tourencharakter: Forstwege und teilweise steile Bergsteige. Beim Abstieg zur Röthelmoosalm Trittsicherheit und etwas Orientierungssinn erforderlich.

Ausgangs-/Endpunkt: Bushaltestelle Seehaus (720 m)

Höchster Punkt: Hörndlwand (1684 m)

Anfahrt: Mit der Bahn nach Traunstein; dort umsteigen in den Nahverkehrszug nach Ruhpolding. Fahrzeit (nur Bahn): knapp 2,5 Stunden. Von Ruhpolding mit dem RVO-Bus weiter in Richtung Reit im Winkl, aussteigen an der Haltestelle Seehaus

Einkehr: Branderalm, während der Weidesaison bewirtschaftet

Karte: TK 1:50 000 Chiemsee/Chiemgauer Alpen (LDBV)

Informationen: www.ruhpolding.de

Die Hörndlwand – korrekterweise Seehauser Kienberg genannt – gehört zu den formschönen und mittlerweile auch zu den gut besuchten Bergen der Chiemgauer Alpen. Kein Gipfelhaus schmückt ihr Haupt, und lediglich eine bewirtschaftete Alm auf ihrer Ostseite – die Branderalm – lädt zur Einkehr.

Von der Bushaltestelle in Seehaus folgen wir der Forststraße ins Rammelbachtal, wobei wir uns an der Mark.-Nr. 46 (grün) orientieren, die rechts haltend auf den Unternberg zuhält. Nach wenigen Mi-

Naturseen und Naturgeschichte

Ein Bad im Weitsee, im Mittersee oder im Lödensee rundet die anstrengende Tour ab. Wer sich mehr für die Naturgeschichte interessiert, für den ist der Besuch des Mammutheums in Siegsdorf (Bahnstation) sicherlich ein Gewinn.

nuten zweigen wir links ab und steigen auf einem guten Bergweg durch Wald hinauf zur Branderalm (1120 m), die auf einer großen Almwiese steht.
Wir gehen ein Stück auf dem Anstiegsweg zurück und nehmen bald den rechts abzweigenden Weg, der am Rand der Bergwiese entlang wieder in den Wald hineinführt. Bei der Abzweigung nach etwa 20 Minuten halten wir uns links. Der Steig verläuft zunächst durch Wald bis zum Kar des Ostertals, dann steigen wir über steile Serpentinen hinauf auf das weite,

grasbewachsene Gipfelplateau. Dort halten wir rechts auf den Gipfelaufbau der Hörndlwand zu und steigen die letzte Viertelstunde über Schrofen hinauf zum Gipfelkreuz.

Um die Runde abzuschließen, gehen wir zum Gipfelplateau zurück und halten

Eindrucksvoll: der Felsgipfel der Hörndlwand

uns dann rechts. Leicht abfallend und mit herrlicher Aussicht wandern wir in südwestlicher Richtung, bis wir auf Wegtafeln treffen. Wir halten uns immer rechts und folgen nun der Mark.-Nr. 47 hinab Richtung Röthelmoos. Über die Bergwiesen der verfallenen Hochkienbergalm (1500 m) und am Gurnwandkopf vorbei geht es steil auf einem Bergsteig hinunter durch zunächst felsiges Gelände, dann durch Wald, bis wir die Forststraße am Südende des Röthelmooses erreichen. Hier links und auf schmalem Fahrweg hinunter zum Weitsee. Dort führt links der Straße ein Weg am Bergfuß entlang – vorbei an Mittersee und Lödensee – zum Ausgangspunkt in Seehaus.

7 Schnappenkirche und Staudacher Alm

Ziele hoch über dem Alpenvorland

Leicht | 10,5 km | 600/600 Hm | 4.15 Std.

Tourencharakter: Leichte und gut begehbare Bergwanderwege

Ausgangs-/Endpunkt: Bushaltestelle in Marquartstein (546 m)

Höchste Punkte: Schnappenkirche (1100 m), Staudacher Alm (1150 m)

Anfahrt: Mit Regionalzügen über Rosenheim nach Übersee. Fahrzeit: knapp 1,5 Stunden. In Übersee umsteigen in RVO-Bus in Richtung Reit im Winkl, aussteigen an der Haltestelle Marquartstein-Rathaus

Einkehr: Staudacher Alm, während der Weidesaison von Mitte Mai bis Mitte Oktober bewirtschaftet

Karte: TK 1:50 000 Chiemsee/Chiemgauer Alpen (LDBV)

Informationen: www.marquartstein.de

Hoch über Marquartstein blitzt bei schönem Wetter ein kleiner weißer Fleck aus dem dichten Wald heraus: die Schnappenkirche. Dieses Wallfahrtskirchlein stammt aus dem 17. Jahrhundert und wurde nach der überstandenen Pest errichtet. Von dort oben hat man einen herrlichen Blick auf den Chiemsee.

Von der Ortsmitte Marquartstein zunächst hinauf zum großen Wanderparkplatz. Dort folgen wir für einige Minuten einem Ziehweg. Bei der Wegverzweigung halten wir uns links an die Ausschilderung »Schnappenberg«. Bald treffen wir auf eine Forststraße, der wir folgen; dann geht es links ab, bis wir auf eine weitere Wegverzweigung stoßen. Dort rechts und nun in weitem Bogen durch Wald auf breitem Weg hinauf zur Schnappenkirche. Der Sage nach hat

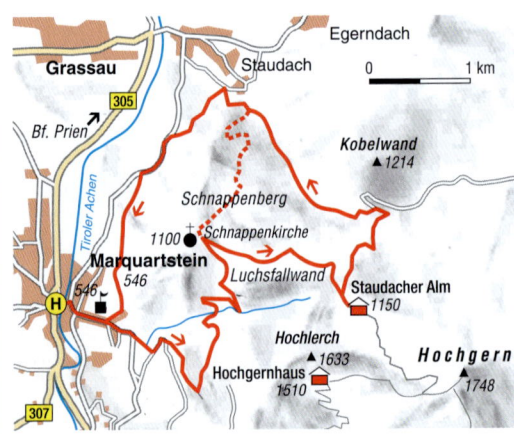

der Burgherr Marquart II. hier sein Ende gefunden, worauf ihm seine Gemahlin eine Kapelle erbauen ließ. Anschließend gehen wir wenige Meter zurück

Von der Schnappenkirche hat man einen schönen Blick über den Chiemsee hinweg auf das Alpenvorland.

und folgen rechts dem Wanderweg, der zunächst leicht ansteigend, dann überwiegend eben durch Wald hinüber zur urgemütlichen Staudacher Alm führt.

Dort folgen wir dem nordwärts führenden Sträßchen (Mark.-Nr. 5), bis wir auf eine größere Forststraße treffen. Kurz auf dieser weiter talwärts, bis links ein Ziehweg abzweigt, der uns durch Wald entlang dem Alplbach hinunter nach Staudach-Egerndach (Holzlagerplatz) bringt. Von dort führt ein Wanderweg immer am Fuß des Bergs entlang zurück nach Marquartstein, wobei wir uns an den Ausschilderungen »Achentalweg« und »Hochgern« orientieren.

Abstiegsvariante: Ein steiler, aber gut begehbarer Steig führt von der Schnappenkirche über viele Stufen durch Wald direkt hinab nach Staudach-Egerndach. Ein Teil dieses Wegs ist als Naturlehrpfad (Thema Laub- und Nadelhölzer sowie die seltene Eibe) angelegt.

Baden nach der Tour

In Unterwössen befindet sich der idyllische kleine Unterwössener See mit Badeanstalt und Gasthaus. Bademöglichkeiten bestehen auch in Staudach und Marquartstein.

8 Auf die Kampenwand

Vorzeigegipfel mit Panoramaaussicht

Mittel | 6,5 km | 300/1055 Hm | 3.45 Std.

Tourencharakter: Breite und leicht begehbare Wanderwege. Der Gipfel erfordert aber unbedingte Trittsicherheit und Schwindelfreiheit (eine stark ausgesetzte Stelle, jedoch mit Seilsicherung).

Ausgangs-/Endpunkt: Bf. Aschau im Chiemgau (615 m)

Höchster Punkt: Kampenwand (1664 m)

Anfahrt: Mit IC oder Regionalzügen nach Prien; von dort mit der Chiemgaubahn nach Aschau. Dann weiter zu Fuß oder mit dem Bus zur Talstation der Kampenwandbahn

Einkehr: Sonnenalm (1467 m, Übernachtung), Steinlingalm (Montag Ruhetag), Schlechtenbergeralm, Gorialm; alle Einkehrmöglichkeiten sind jeweils nahezu ganzjährig bewirtschaftet

Karte: TK 1:50 000 Chiemsee/Chiemgauer Alpen (LDBV)

Informationen: www.aschau.de

Die Kampenwand vereint alle wesentlichen Elemente, die ein Ausflugsziel der Extraklasse aufweisen muss: eine Bergbahn, die uns rasch die Talniederungen vergessen lässt, eine hervorragende Aussicht, ein aufregendes Gipfelziel und zahlreiche Einkehrmöglichkeiten.

Panoramaweg: Zu Fuß oder mit dem Bus zur Talstation. Die Kampenwandbahn bringt uns erst mal flott auf eine Höhe von 1500 Meter. Bei der Bergstation liegt schon das erste Einkehrziel, die Sonnenalm. Von dort führt ein breiter und bequemer Panoramaweg hinüber zur Steinlingalm auf der Kampenhöhe. Dort ist Platz, um den ganzen Tag zu verbringen: um zu schauen, zu rasten, die kleine Kapelle nebenan zu besichtigen, ja, falls man wirklich trittsicher ist, sogar hinaufzusteigen zum Ostgipfel der Kampenwand, den ein riesiges Kreuz weithin sichtbar ziert (übrigens: das größte Kreuz in den Bayerischen Voralpen).

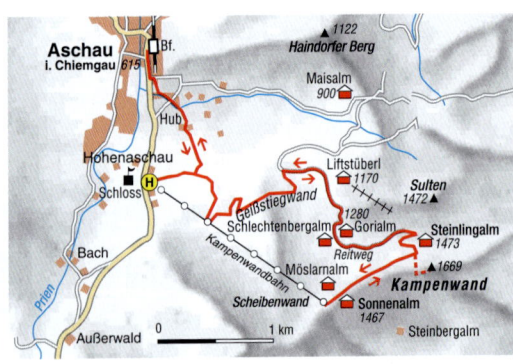

Gipfelweg: Direkt von der Steinlingalm führt ein Steig südwärts empor bis in eine Scharte im felsigen Kamm des Massivs. Kurz unterhalb der Scharte hält man sich links durch die von glatten Wänden begrenzten »Kaisersäle«. Durch dieses schluchtartige Gelände erreicht man den Gipfelaufschwung des Kampenwand-Ostgipfels. Glatter, abgespeckter Fels, Drahtseilsicherung und eine Eisenbrücke vermitteln den Anstieg zum 1664 Meter hohen Gipfel. Beeindruckend das massive Gipfelkreuz, das an die Gefallenen der Weltkriege erinnert.

Der Abstieg folgt dem Anstiegsweg, und es gilt dasselbe wie für den Aufstieg: erhöhte Vorsicht! Von der Steinlingalm geht es dann auf dem breiten Wanderweg gemütlich talwärts. Vorbei an der Bergwachthütte unterqueren wir einen Sessellift und gelangen so zu einer Gabelung; dort links weiter zur Schlechtenbergalm. Anschließend folgen wir dem breiten Reitweg weiter talwärts, vorbei an der Schlechtenberger Kapelle, und queren dann hinüber zur Geißstiegwand. In einigen weiteren Kehren geht es nun – immer gut ausgeschildert – hinab nach Hohenaschau oder wir nehmen den direkten Wanderweg zum Bahnhof in Aschau.

Schloss Hohenaschau im Tal der Prien, eine der großen und gut erhaltenen mittelalterlichen Befestigungen im Chiemgau

9 Geigelstein und Rossalm

Ein Blumenberg und eine rustikale Alm

Mittel	11 km	1240/ 1240 Hm	6.30 Std.

Tourencharakter: Am Geigelstein ist Trittsicherheit erforderlich; ansonsten leicht, gute Bergwanderwege; Kondition erforderlich, da recht lange Tour

Ausgangs-/Endpunkt: Bushaltestelle in Ettenhausen (570 m)

Höchste Punkte: Geigelstein (1813 m), Rossalm (1670 m)

Anfahrt: Mit der Bahn von München in Richtung Salzburg bis Prien; von dort mit dem RVO-Bus nach Marquartstein, dort umsteigen in den RVO-Bus (dieser Bus kommt vom Bahnhof Übersee) nach Schleching bzw. Ettenhausen

Einkehr: Wuhrsteinalm, Wirtsalm, Roßalm, Haidenholzalm; jeweils zur Weidesaison bewirtschaftet

Karte: TK 1:50 000 Chiemsee/Chiemgauer Alpen (LDBV)

Informationen: www.aschau.de

Der Geigelstein ist einer der höchsten und attraktivsten Berge am Alpenrand, mit herrlicher Aussicht und einer überwältigenden Flora: Er gilt auch als der Blumenberg der Chiemgauer Alpen. Die 1200 Meter Höhendifferenz müssen allerdings erwandert werden, nachdem die Geigelsteinbahn eingestellt wurde.

Von der Ortsmitte von Ettenhausen folgen wir zunächst der Straße zur Talstation der eingestellten Geigelsteinbahn; von dort windet sich ein Wirtschaftsweg durch Wald hinauf zum Berggasthof Wuhrsteinalm (die Bergstation werden wir dabei nicht direkt berühren). In diesem Berggasthaus kann man tagsüber als Wanderer einkehren, eine Übernachtung ist jedoch nicht möglich (lediglich für Gruppen, die das Haus komplett buchen).

Ein ausgeschilderter Wanderweg führt uns dann weiter durch Bergwiesen hinauf zur Wirtsalm. Dort halten wir uns rechts und steigen nun über die steiler werdende Südostflanke des Geigelsteins bergan zum Geigelsteinsattel. Rechts geht es durch ein steiles Latschendickicht, dann über eine schotterige Bergflanke (Trittsicherheit erforderlich) hinauf zum höchsten Punkt des Geigelsteins mit Kreuz und kleiner Kapelle.

Unterwegs macht der zweithöchste Gipfel der Chiemgauer Alpen seinem Namen als Blumenberg vor allem im Frühjahr große Ehre: Wir entdecken Enziane, Trollblumen, Geflecktes Knabenkraut und Vogelnestwurz, um nur einige zu nennen. Dann geht

es geradeaus weiter durch eine Latschengasse hinab zu einem wenig ausgeprägten Sattel.

Hier folgen wir nun dem Höhenweg (Mark.-Nr. 207) hinüber zu Deutschlands höchstgelegener Alm, der Rossalm. Achtung: Dieser Wegabschnitt darf zwischen dem 1. November und dem 1. Mai aus Naturschutzgründen nicht begangen werden. Von dort leitet uns dann ein schmaler Almfahrweg hinab zur Haidenholzalm. Auf einem breiten Forstweg wandern wir anschließend in Kehren hinab zur Talstation der Geigelsteinbahn und zurück in die Ortsmitte von Ettenhausen.

Tiefblick vom Anstieg auf den Geigelstein auf die Priener Hütte

47

10 Über die Klausen zum Spitzstein

Auf einen Bergkamm mit vielen Möglichkeiten

● Leicht	🚶 20 km	⛰ 1270/1140 Hm	🕐 10 Std.

Tourencharakter: Wanderwege und Bergsteige, die Trittsicherheit voraussetzen. Der Abstieg nach Sachrang verläuft dann wieder auf Wanderweg bzw. Wirtschaftsweg.

Ausgangspunkt: Bf. Aschau (615 m)

Endpunkt: Bushaltestelle Sachrang (738 m)

Höchste Punkte: Klausenberg (1554 m), Spitzstein (1597 m)

Anfahrt: Mit IC oder Regionalzügen nach Prien; von dort weiter mit der Chiemgau-Bahn nach Aschau. Fahrzeit: knapp 1,5 Stunden. Vom Bahnhof dann zu Fuß (oder mit RVO-Bus) nach Hohenaschau. RÜCKFAHRT: Mit RVO-Bus von Sachrang zurück zum Bf. Aschau

Einkehr: Hofalm (970 m, im Sommer bew.), evtl. Hochrieshaus (1569 m, AV-Haus, Übernachtung), Spitzsteinhaus (1263 m, AV-Haus, Übernachtung)

Karte: TK 1:50 000 Chiemsee/Chiemgauer Alpen (LDBV)

Informationen: www.aschau.de

Beide Gipfel, Hochries und Spitzstein, geben für sich jeweils sehr reizvolle Tourenziele ab. Wir können aber diesem Angebot noch die Krone aufsetzen, wenn wir beide Gipfel zu einer aussichtsreichen Kammwanderung verbinden und uns auf diese Weise zu einer Tour der Extraklasse verhelfen.

Beginnen könnten wir diese aussichtsreiche Höhenwanderung auf der Hochries, was uns zwar einige Höhenmeter spart, die Rückkehr zum Ausgangspunkt aber problematisch macht. Besser, wir starten unsere Tour in Aschau bzw. in Hohenaschau. Zu diesem Ausgangspunkt können wir dann mit dem Bus oder per Autostopp ohne Probleme zurückkehren. Vom Bahnhof in Aschau gehen wir zunächst rechts hinüber zum Bergfuß, wo wir auf den Prientalweg treffen. Auf diesem wandern wir links bequem weiter nach Hohenaschau. Dort bleiben wir am Bergfuß und folgen dem Sträßchen nach Hammerbach. Dieser Ort weist noch geschichtsträchtige Spuren auf. Bis zum Jahr 1889 stand hier ein Hammerwerk der Eisenhütte derer von Freyberg und Preysing.

Unser ausgeschilderter Weg beginnt am oberen Ortsende und führt uns zuerst vorbei am unteren Hammerbach-Wasserfall und weiter durch Wald bergan, bis zu einer Wegverzweigung. Dort halten wir uns links und steigen mäßig bergan, bis wir auf die weiten Almwiesen der unbewirtschafteten Ellandalm (989 m) treffen. Auf einem guten Weg geht es weiter über den sogenannten Schinder und durch Nadelwald hinauf zur Baumgartenalm.

Auf dem Gipfel des Spitzsteins. Der schön geformte Berg bricht auf seiner Nord- und Ostseite jäh ab; seine ausgeprägteste Form bietet er vom Anstiegsweg zum Geigelstein. Er ist Endpunkt der langen Überschreitung von der Hochries bzw. von Aschau.

Jenseits der Almwiesen führt ein steiler Pfad durch den Klausengraben zum Hochplateau, auf dem die Klausenhütte steht, die leider nicht mehr bewirtschaftet ist, aber einen guten, aussichtsreichen Platz für eine Brotzeit aus dem Rucksack bietet.

Der Weiterweg in Richtung Süden (also nach links) folgt nun überwiegend der Kammlinie und führt uns durch weites, baumloses Gebiet (rote Farbmarkierungen). Vorbei am Zinnenberg, der Feichtenalm und über den Brandelberg (hier wird der Weg schmal und

Auf halbem Weg treffen wir auf die leider nicht mehr bewirtschaftete Klausenhütte; sie war Jahrzehnte lang eine »Einkehroase« für Wanderer in den Chiemgauer Alpen.

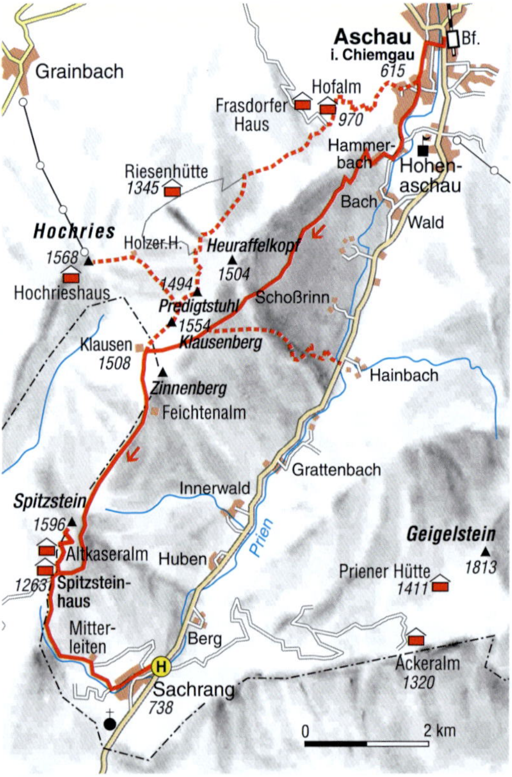

felsig; eventuell Variante über die Brandelbergalm) gelangen wir so an die steil abfallende Spitzsteinwand, die wir linksseitig umgehen. Über die Aueralm gelangen wir dann weiter zum Spitzsteinhaus des Deutschen Alpenvereins. Von dessen Terrasse haben wir einen freien Blick hinein nach Tirol.

Aber natürlich lassen wir uns den Gipfelblick vom Hausberg, dem Spitzstein, nicht entgehen. Denn dort genießen wir wahrlich einen großartigen Blick auf den Wilden und den Zahmen Kaiser. Vom Unterkunftshaus folgen wir also dem steilen Bergwanderweg zunächst über die freien Berghänge, dann geht es durch lichten Bergwald hinauf zum Spitzstein, wo uns eine kleine Kapelle und ein großes Gipfelkreuz erwarten. Nur eine knappe Stunde Anstiegszeit haben wir gebraucht, und die Mühe hat sich gelohnt.

Der Abstiegsweg führt uns dann vom Spitzsteinhaus über die Goglalm hinab zum Weiler Mitterleiten, wo wir entweder dem Fahrweg hinab nach Sachrang folgen oder den Wanderweg nehmen, der nach den letzten Häusern rechts steil hinab zum Wanderparkplatz am Südrand des Dorfes leitet. Von dort sind es nur noch wenige Minuten die Ortsstraße entlang zur Dorfmitte mit der schönen Barockkirche. Von Sachrang nehmen wir dann den RVO-Bus zum Ausgangspunkt beim Bahnhof in Aschau.

Die Hofalm ist die erste und einzige Einkehrmöglichkeit auf unserem langen Weg zum Spitzstein. Allerdings auch nur auf der Routenvariante, wir müssen uns also aus dem Rucksack verpflegen.

11 Die Kaisertalrunde

Hüttentour zwischen Zahmem und Wildem Kaiser

Leicht | **23 km** | **1185/1185 Hm** | **5.45 Std.**

Tourencharakter: Wirtschaftssträßchen und Wanderwege, der Anstieg zur Vorderkaiserfeldenhütte ist recht steil.

Ausgangs-/Endpunkt: Bhf. Kufstein (500 m)

Höchster Punkt: Vorderkaiserfeldenhütte (1388 m), Naunspitze (1633 m)

Anfahrt: Mit EC oder Regionalzügen über Rosenheim nach Kufstein. Bei der Anfahrt mit der Regionalbahn umsteigen in Rosenheim erforderlich. Tipp: Das Bayern-Ticket gilt bis Kufstein. Fahrzeit: ca. 1 Stunde. Vom Bahnhof in Kufstein zu Fuß in 40 Minuten zum Eingang ins Kaisertal. Von Mo bis Sa (außer an Feiertagen)

Einkehr: Rietzaualm (1160 m, Übernachtung), Vorderkaiserfeldenhütte (1388, AV-Haus, Übernachtung), Anton-Karg-Haus (829 m, AV-Haus, Übernachtung), Veitenhof und Pfandlhof

Karte: Freytag & Berndt WK 1:50 000 Nr. 301 Kufstein/Kaisergebirge/Kitzbühel

Informationen: www.kufstein.com

Diese großartige Hochtalrunde vereint hochalpine Landschaftserlebnisse mit reizvoller Bergbauernkultur. Doch zum Auftakt der Tour haben die Götter den Schweiß gesetzt, denn der Anstieg aus dem Kaisertal über die Rietzaualm zur Vorderkaiserfeldenhütte ist steil, ja, sehr steil.

Wir wandern vom Bahnhof Kustein durch die Stadt zum großen Wanderparkplatz im Ortsteil Sparchen.

Dort beginnt nun unsere eigentliche Wanderung. Zunächst erklimmen wir die vielen Stufen der Sparchenstiege und erreichen so den Eingang ins Kaisertal, das bis vor einigen Jahren – trotz der dort ansässigen Bauernhöfe – keine Straßenzufahrt hatte. Heute gibt es einen Tunnel (nicht öffentlich), der den Zugang mit dem Auto ermöglicht.

Nun folgen wir dem Talweg bis über den mittlerweile wieder öffentlich bewirtschafteten Veitenhof hinaus, bis links der steile Fußweg in Richtung Vorderkaiserfeldenhütte abzweigt. Unsere Route führt, stetig steigend, durch Wald hinauf zum kleinen Plateau der ganzjährig bewirtschafteten Rietzaualm, wo wir uns eine erste Rast gönnen. Schon während des Aufstiegs

Linke Seite: Am Aufstieg von der Rietzaualm in Richtung Pyramidenspitze bietet sich ein prächtiger Tiefblick auf das Inntal mit Kufstein und Kiefersfelden.

Die Vorderkaiserfeldenhütte des österreichischen Alpenvereins ist ganzjährig bewirtschaftet.

eröffnet sich die Aussicht auf die »Kaiserlichen Majestäten« – das Totenkirchl, die Halten, den ganzen Kamm vom Sonneck bis zum Scheffauer.

Dann steigen wir in weiten Kehren hinauf zur gemütlichen Vorderkaiserfeldenhütte des Alpenvereins, die ebenfalls ganzjährig bewirtschaftet ist. Von dort aus können wir weit ins Inntal und ins Alpenvorland schauen. Genießen wir diesen Ausblick, bevor wir wieder hinab ins Kaisertal steigen, denn diese Aussicht kommt nicht wieder! Außer wir machen den Abstecher zur Naunspitze, wo wir noch etwas Gipfelglück erleben können.

Auf unserem Weiterweg über den bewaldeten Kegelboden kommen wir dann den Gipfeln des Wilden Kaisers immer näher. Bald treffen wir auf den »Oberen Kaisertalweg«, der von der Antoniuskapelle

herüberkommt, und steigen dann auf ihm weiter ab über die Hechleitenalm zum Anton-Karg-Haus. Auch dieses Unterkunftshaus gehört dem Österreichischen Alpenverein. Wir sind nun am »Hinterbärenbad«. Hier war und ist immer noch eines der Zentren für die Besteigung der wichtigen Kaisergipfel. Das stattliche Unterkunftshaus wurde 1895 im Schweizer Stil erbaut, nach einem Brand im Jahre 1899 sogleich wieder errichtet. Heute steht es unter Denkmalschutz, und das wundert uns auch nicht, wenn wir die äußere Anmutung bedenken und einen Blick ins Innere werfen.

Hier ist auch der Wendepunkt unserer Tour. Auf unserem Rückweg durch das lang gestreckte Kaisertal nehmen wir nun die Route über die berühmte Antoniuskapelle und kehren dann noch im Pfandlhof ein, der bereits seit 1788 in Familienbesitz ist. Auf dem Anstiegsweg kehren wir anschließend zum Bahnhof in Kufstein zurück.

Abstecher zur Sparchenklamm

Am Eingang ins Kaisertal verlässt man den Kaisertalweg und wandert erst zur Sparchenmühle, dann hinab zur Klamm. Nach einer Dreiviertelstunde erreicht man wieder den Kaisertalweg (oder umgekehrt).

Das Antoniuskircherl im Kaisertal ist ein beliebtes Bildmotiv.

Beim Sonnalm-Hochleger
am Roß- und Buchstein

Bayerische Voralpen

12 Petersbergl und Hohe Asten

Aussichtsreiche Berggasthöfe über dem Inntal

Leicht | 5 km | 825/825 Hm | 3.30 Std.

Tourencharakter: Breite, aber z. T. steile Wirtschaftswege, am Petersbergl zusätzlich breiter und steiler Bergwanderweg

Ausgangs-/Endpunkt: Bf. Flintsbach (478 m)

Höchste Punkte: Petersberg (847 m), Hohe Asten (1108 m)

Anfahrt: Mit EC oder Regionalzügen nach Rosenheim; dort umsteigen in die Regionalbahn in Richtung Kufstein. Tipp: Das Bayern-Ticket gilt bis Kufstein. Fahrzeit nach Flintsbach: knapp 1 Stunde (ohne Wartezeit beim Umsteigen)

Einkehr: Berggasthaus Petersberg (Mi Ruhetag) und Berggasthaus Hohe Asten (Fr Ruhetag), beide sind ganzjährig bewirtschaftet. Am Beginn des Anstiegsweges gibt es Tafeln mit den Öffnungszeiten.

Karte: TK 1:50 000 Mangfallgebirge (LDBV)

Informationen: www.flintsbach.de

Das alte Propsteihaus aus dem 17. Jahrhundert auf dem Petersbergl – in dem heute ein Berggasthaus untergebracht ist – ist unser erstes Ziel. Anschließend wandern wir hinauf zu den höchstgelegenen Bauernhöfen Deutschlands auf der Hohen Asten, wo wir ebenfalls einkehren können.

Vom Bahnhof in Flintsbach gehen wir zunächst zur Ortsmitte und folgen dann links der Hauptstraße, bis

rechts der Astenweg abzweigt. Auf diesem Fahrweg gelangen wir zum Bergfuß, wo sich auch der Wanderparkplatz befindet. Hier beginnt der eigentliche Anstiegsweg. Zunächst auf breitem, jedoch bald ziemlich steilem Weg – vorbei an der seit einigen Jahren freigelegten Ruine Falkenstein – durch Wald in Kehren bergan. Wir gehen rechts um das Petersbergl herum, bis links der steile Zustiegsweg zu diesem abzweigt.

Über einige Serpentinen erreichen wir in einer knappen Viertelstunde den höchsten Punkt mit Berggasthaus (das ehemalige Propsteihaus mit gemütlichen Innenräumen und sogar einem Kachelofen, falls es draußen schon etwas kühler ist) und Kirche. Von dort oben genießen wir einen freien Blick ins Inntal – und bei schönem Wetter können wir auch draußen auf den Bänken sitzen.

Anschließend wandern wir (Abkürzer auf Steig!) hinab zur Wegverzweigung. Dort folgen wir links haltend – nun nicht mehr so steil – dem gesperrten Fahrweg weiter bergan, der uns durch Wald und über freie Bergwiesen unfehlbar hinauf zu den schön gelegenen Astenhöfen führt. Auf der Terrasse können wir dort gemütlich sitzen und die bayerischen Schmankerl genießen.

Der Abstieg erfolgt wieder auf dem Anstiegsweg. Wir können jedoch bei der Abzweigung zum Petersbergl eine Wegvariante einschlagen, die uns über den alten Bauernhof Wagner am Berg auf einem ausgeschilderten Weg zurück zum Ausgangspunkt in Flintsbach bringt.

Linke Seite: Auf dem Astenhof kann man gut einkehren und den freien Blick ins Tal genießen.

13 Von Oberaudorf auf den Brünnstein

Gipfel mit berühmtem Kaiserblick

Mittel | **12 km** | **1240/ 900 Hm** | **5 Std.**

Tourencharakter: Wirtschaftswege und Bergwanderwege. Der Abstecher zum Brünnsteingipfel erfordert Trittsicherheit und Schwindelfreiheit (leichter Klettersteig).

Ausgangspunkt: Bf. Oberaudorf (482 m)

Endpunkt: Bushaltestelle Tatzelwurm (760 m)

Höchste Punkte: Brünnsteinhaus (1342 m), Brünnstein (1619 m)

Anfahrt: Mit EC oder Regionalzügen zuerst nach Rosenheim, dann umsteigen in die Regionalbahn in Richtung Kufstein. Tipp: Das Bayern-Ticket gilt bis Kufstein. Fahrzeit nach Oberaudorf: 1 Stunde (ohne Wartezeit beim Umsteigen)

Einkehr: Brünnsteinhaus (AV-Haus, Übernachtung); Berggasthaus Hocheck und Hotel/ Berggasthaus Zum Feurigen Tatzelwurm – beide sind ganzjährig bewirtschaftet.

Karte: TK 1:50 000 Mangfallgebirge (LDBV)

Informationen: www.oberaudorf.de

Mit seinen 1619 Metern Höhe ist der Brünnstein kein besonders hoher Berg, seine exponierte Lage am Rande des Inntals macht ihn jedoch zu einem beliebten Aussichtsberg. Und er verfügt über einen leichten Klettersteig. Wer also ein bisschen Luft unter den Sohlen verspüren möchte, ist hier richtig.

Vom Bahnhof in Oberau gehen wir zunächst hinüber zur Talstation der Hocheckbahn. Falls die Bahn in Betrieb ist, nehmen wir die Aufstiegshilfe dankbar an, ansonsten wandern wir auf dem gesperrten Fahrweg über einige Kehren hinauf zum Berggasthof Hocheck. Dort folgen wir dem ausgeschilderten Fahrweg über ein Wiesenplateau zu einer Wegverzweigung. Ein markierter Wanderweg bringt uns rechts haltend durch Wald zu einer Forststraße, der wir dann kurz nach links folgen, bis rechts ein Pfad abzweigt und uns zu dem von Buchau heraufführenden Weg leitet. Nun geht es links mit der Markierung 652 durchs bewaldete Brünntal hinauf. Über einige steile Serpentinen erreichen wir die ebene Geländestufe, an deren rechtem Rand sich etwas versteckt im Wald das Brünnsteinhaus befindet.

Falls wir den Gipfel besteigen wollen, folgen wir kurz vor dem Haus dem Schild zum Dr.-Julius-Mayr-Weg. Dieses leitet uns zum Gipfelfuß. Nun folgen wir dem Klettersteig, der uns durch einen Felsspalt, über eine Stiege und ein seilgesichertes Band zum Gipfel führt. Über die leichtere Westflanke (Seilsicherungen) steigen wir dann hinab zur Himmelmoosalm und kehren links haltend zum Brünnsteinhaus zurück.

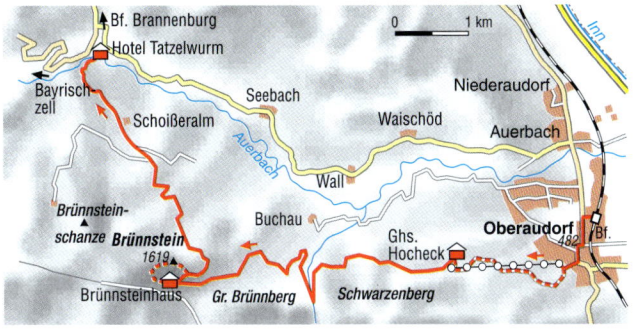

Anschließend nehmen wir auf der Ostseite den markierten Weg Nr. 657 unter die Füße, wandern durch
Wald im Linksbogen um den Brünnstein herum und
steigen hinab zur Großalm, queren den Almfahrweg
zu dieser und steigen in gleicher Richtung weiter
bergab. Unser Weg trifft dann bei einer Kehre wieder
auf den Almfahrweg; diesem folgen wir talwärts –
vorbei an der Schoißeralm – bis kurz vor den großen
Wanderparkplatz. Wir halten uns jetzt rechts und
nehmen den Weg vorbei an den Tatzelwurm-Was-
serfällen zum Hotel und Berggasthaus Zum Feurigen
Tatzelwurm.

Auf der Terrasse des Brünn-
steinhauses

14 Über den Taubenberg

Wo das Münchner Wasser herkommt

Leicht · 10,5 km · 200/200 Hm · 3 Std.

Tourencharakter: Leichte Wanderung auf Fahrstraße und unbefestigten Wirtschaftswegen, einige Passagen auch auf Bergwanderwegen

Ausgangs-/Endpunkt: Bf. Warngau (726 m)

Höchster Punkt: Taubenberg (896 m)

Anfahrt: Mit der BOB von München über Holzkirchen in Richtung Tegernsee bis zum Haltepunkt Warngau. Fahrzeit: 35–40 Minuten. Von dort weiter zu Fuß

Einkehr: Berggasthaus Taubenberg (ganzjährig bewirtschaftet), evtl. Gasthaus Zur Post in Oberwarngau

Karte: TK 1:50 000 Mangfallgebirge (LDBV)

Informationen: www.tegernsee-schliersee.de/warngau

Der Taubenberg bietet uns eine leichte Bergwanderrunde direkt ab dem Bahnhof von Warngau an. Ein großer Teil des Wegs führt dabei durch angenehm schattigen Wald. Oben angekommen, erwarten uns jedoch reizvolle Ausblicke und außerdem mit dem Berggasthaus Taubensee eine veritable Einkehr.

Vom Bahnhof in Warngau wandern wir vor zur Bahnhofsstraße, links auf dieser weiter zur Bundesstraße, queren diese und gehen dann geradeaus hinein in den Ort Oberwarngau. Am Gasthaus Zur Post geht es links in die Hauptstraße, dann gleich wieder links und rechts in die Lindenstraße, wobei wir den grünen Wanderschildern folgen. Eine kleine Brücke bringt uns in die Auenstraße. Nach 200 Metern überschreiten wir rechts eine weitere Brücke, halten uns dahinter links und befinden uns nun auf dem direkten Aufstiegsweg zum Taubenberg.

Durch Wald und auf einer schmalen Teerstraße erreichen wir eine Lichtung. 50 Meter nach dem Ende der befestigten Straße biegen wir links in einen Ziehweg ein. Nach einer halben Stunde treffen wir auf eine Wegverzweigung, gehen dort rechts hoch zu einem weiteren Ziehweg. Wir halten uns dort links und erreichen so den höchsten Punkt des Taubenbergs mit 896 Metern Höhe. Anschließend rechts am Aussichtsturm aus dem Jahre 1911 vorbei, sodann links hinab zum Berggasthaus Taubenberg mit schöner Aussicht. Übrigens: Tief unter uns befindet sich ein Labyrinth von Stollen und Kanälen, denn von dort bezieht die

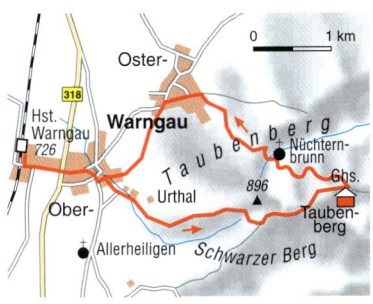

Landeshauptstadt einen großen Teil ihres Wassers. Vom Berggasthaus wandern wir dann auf einem Waldweg hinab zur Kapelle Nüchternbrunn, die mitten im Wald liegt. Vor dieser geht es links hoch zu einer Kammhöhe, dann über eine Forststraße hinweg und den Kreuzwegstationen folgend hinab nach Osterwarngau. Am Ortsanfang geht es links in den Nüchternbrunnweg und vor zur Hauptstraße. Anschließend links in einen Feldweg und auf diesem zurück nach Oberwarngau und zum Bahnhof, dem Ausgangspunkt unserer Tour.

Das Berggasthaus Taubenberg auf dem gleichnamigen Voralpenberg

63

15 Aiplspitz und Jägerkamp

Doppelgipfel über dem Leitzachtal

Mittel | 13 km | 1035/ 950 Hm | 6.15 Std.

Tourencharakter: Bis Geitauer Alm Wirtschaftsweg, dann Bergwanderweg bzw. Bergsteig. Im Gipfelbereich der Aiplspitz anspruchsvoll, Trittsicherheit und Schwindelfreiheit erforderlich. Auch der Übergang zum Tanzboden ist nicht ohne (gesicherte Passage), daher keinesfalls bei Nässe begehen.

Ausgangspunkt: Bf. Geitau (776 m)

Endpunkt: Bf. Fischhausen-Neuhaus (801 m)

Höchste Punkte: Aiplspitz (1759 m), Jägerkamp (1746 m)

Anfahrt: Von München mit der BOB über Holzkirchen und Schliersee bis zum Haltepunkt Geitau. Fahrzeit: ca. 1 Stunde 15 Minuten. RÜCKFAHRT: Mit der BOB vom Bahnhof Fischhausen-Neuhaus

Einkehr: Jägerbauernalm (im Sommer einfach bewirtschaftet), Gasthaus Rote Wand in Geitau

Karte: TK 1:50 000 Mangfallgebirge (LDBV)

Informationen: www.fischhausen-neuhaus.de

Dieser zwischen dem Leitzachtal und dem Spitzingsee gelegene Doppelgipfel wird in der Regel entweder auf einer Rundtour vom Spitzingsattel oder von der Bergstation der Taubensteinbahn aus erstiegen. Der Vorteil der hier vorgestellten Wanderung liegt darin, dass wir von Bahnhof zu Bahnhof wandern.

Vom Haltepunkt Geitau gehen wir zunächst vor zur Bundesstraße, dann über diese hinweg in den Ort Geitau. Am Gasthaus Rote Wand vorbei durch den Ort. Wir halten nun auf den Geitauer Berg zu (nicht links zum Segelflugplatz abbiegen) und queren dabei eine Brücke.

Am Bergfuß folgen wir links dem Almfahrweg durch Wald und Bergwiesen hinauf bis zu dessen Ende bei der Geitauer Alm. Dort beginnt ein rot markierter Steig, der uns über Geröll und durch einen Latschenhang auf den Nordgrat führt. Hier links weiter und über Schrofengelände hinauf zum Gipfel der Aiplspitz, wobei wir im letzten Teil schon mal Hand an den Fels legen müssen.

Wir folgen dann dem felsigen Südwestgrat weiter, umgehen einen Felsvorsprung, wobei wir eine heikle Stelle (Seilsicherung) passieren müssen, und gelangen so zum sogenannten Tanzeck. Wir wandern in westlicher Richtung weiter zu einer Wegverzweigung auf der Schnittlauchmoosalm. Dort halten wir uns rechts, gehen seitlich an der Benzingspitze vorbei und wandern durch einen Latschenhang hinauf zum Gipfelkreuz des Jägerkamp.

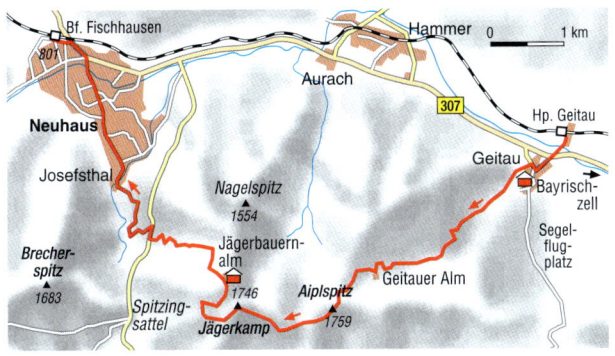

Wir halten uns auf dem Gratrücken links und steigen in einem Rechtsbogen in den Kessel unterhalb an, in dem sich die Jägerbauernalm befindet. Dort leitet uns dann ebenfalls links haltend ein markierter Steig (Mark.-Nr. 642) hinab zur Spitzingstraße. Wir folgen dieser kurz talwärts, bis links die Alte Spitzingstraße abzweigt. Diese führt uns über Josefsthal hinab nach Neuhaus und zur Bahnstation, wo wir die Rückfahrt antreten können.

Blick über das Taubensteinhaus des Deutschen Alpenvereins hinweg auf Aiplspitz (rechts) und Jägerkamp (links)

16 Brecherspitz

Das »Matterhorn« der Voralpen

●	🥾 km	⛰	⏱
Mittel	12,5 km	885/ 885 Hm	5 Std.

Tourencharakter: Zur Ankelalm Almwege, dann Bergsteig. Trittsicherheit und Schwindelfreiheit erforderlich, es ist jedoch keine wirklich schwierige Tour. Die Rückkehr von der Freudenreichalm erfolgt dann wieder auf Wirtschaftsweg.

Ausgangs-/Endpunkt: Bf. Fischhausen-Neuhaus (801 m)

Höchster Punkt: Brecherspitz (1683 m)

Anfahrt: Von München mit der BOB über Holzkirchen und Schliersee bis zum Bahnhof Fischhausen-Neuhaus. Fahrzeit: ca. 1 Stunde 10 Minuten

Einkehr: Ankelalm, Freudenreichalm (jeweils im Sommer einfach bewirtschaftet)

Karte: TK 1:50 000 Mangfallgebirge (LDBV)

Informationen: www.fischhausen-neuhaus.de

Die Brecherspitz ist ein prächtiger Gipfel, vom Tegernsee aus gesehen. Aber auch vom Spitzingsee aus macht sie eine gute Figur. Dank ihrer Randlage garantiert sie einen freien Rundblick. Aber sie ist kein ganz einfacher Berg, Trittsicherheit und Schwindelfreiheit müssen schon mitgebracht werden.

Am Bahnhof Fischhausen-Neuhaus gehen wir kurz nach links und folgen dann rechts der Waldschmidtstraße. Wir queren eine Kreuzung und wandern durch Wohngebiet weiter. Bei der folgenden Kreuzung halten wir uns rechts und erreichen so den Waldrand.

Nun folgen wir immer dem bergwärts führenden Wirtschaftssträßchen durch Wald hinauf zur Ankelalm, die am Rande eines weiten Kessels liegt. Hier können wir erst einmal verschnaufen, denn der weitere Anstieg wird etwas alpiner. Kurz hinter der Alm bringt uns ein Steig linker Hand über einen freien Berghang hinauf zum Nordgrat der Brecherspitze. Hier halten wir uns rechts und steigen über Weidegelände, zuletzt durch einen Latschenhang, hinauf zum Gipfel der Brecherspitz, der mit einem schönen Gipfelkreuz geschmückt ist. Tief unter uns liegt der Spitzingsee, in Richtung Norden schauen wir über den Schliersee hinweg hinaus ins Alpenvorland.

Unser weiterer Weg führt uns nun über den Gipfelgrat zum sogenannten Westgipfel. Dann folgen wir weiterhin dem Grat – mit ein paar heiklen Stellen – bis zu einem kleinen Kapellchen. Dort verlassen wir

Die Brecherspitz mit der
Anstiegsroute von Westen

den Grat nach links und steigen
zunächst steil in ein paar Kehren
hinab zur Freudenreichalm.

Dort folgen wir dem rechts talwärts führenden Wirtschaftsweg.
Bei einer Kreuzung halten wir
uns rechts und wandern weiter
geradeaus auf dem Hauptweg
talwärts. Dieser verläuft überwiegend durch Wald und trifft dann
weiter unten auf den Dürnbach.
An diesem entlang, bis bei den
ersten Häusern von Neuhaus ein
Weg nach links abzweigt.

Am Ortsrand entlang erreichen
wir so schließlich wieder den
Bahnhof von Fischhausen-Neuhaus.

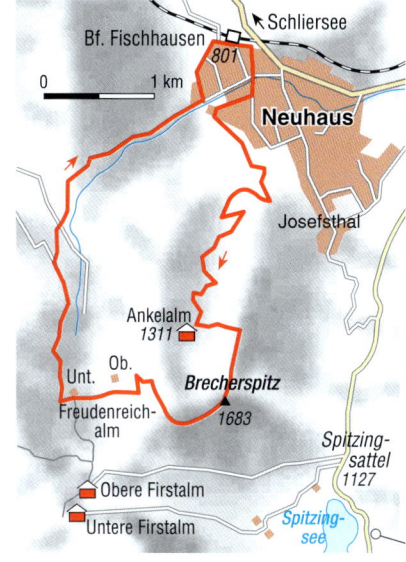

17 Bodenschneid und Bodenschneidhaus

Ins ehemalige Reich eines Wildschützen

Leicht | **11 km** | **930/575 Hm** | **4–5 Std.**

Tourencharakter: Von Fischhausen zum Bodenschneidhaus Wirtschaftswege, ansonsten gute Bergwanderwege und Pfade

Ausgangspunkt: Bf. Fischhausen-Neuhaus (801 m)

Endpunkt: Bushaltestelle Spitzingsattel (1127 m)

Höchste Punkte: Bodenschneidhaus (1365 m), Bodenschneid (1669 m)

Anfahrt: Von München mit der BOB über Holzkirchen nach Fischhausen-Neuhaus (in den Wagen mit dem Zielort einsteigen, der Zug wird in Holzkirchen getrennt). Fahrzeit: 1 Stunde. RÜCKFAHRT: Vom Spitzingsattel mit RVO-Bus hinab zum Bahnhof Fischhausen-Neuhaus

Einkehr: Bodenschneidhaus (1365 m, AV-Haus, Übernachtung), Obere Firstalm (1375 m, privat, Übernachtung), Untere Firstalm (1317 m, Fr Ruhetag), Spitzingstüberl am Spitzingsattel

Karte: TK 1:50 000 Mangfallgebirge (LDBV)

Informationen: www.fischhausen-neuhaus.de

Etwas oberhalb des Bodenschneidhauses ereignete sich einst jener Jagdunfall, der dazu beitrug, das Volkslied vom Wilderer Jennerwein in die Welt zu setzen. Der Vorteil dieser Tour besteht darin, dass wir direkt vom Bahnhof aufbrechen können. Wer mag, besucht noch den Gipfel der Bodenschneid.

Am Bahnhof Fischhausen-Neuhaus gehen wir zunächst rechts in die parallel zu den Gleisen verlaufende Wendelsteinstraße, dann links in die Bodenschneidstraße, die wir wiederum nach rechts verlassen und so auf einem Abkürzer die Dürnbachstraße erreichen. Wir gehen nun durch Wald immer rechts des Dürnbachgrabens mit leichter Steigung bergan. Unfehlbar wandern wir dann auf dem gut ausgeschilderten Wirtschaftsweg – wobei jedoch einige vom Tegernsee heraufführende Forststraßen gequert werden und ein Schlenker abgekürzt wird – hinauf zu den Almwiesen der Raineralm. Zuletzt geht es über freies Gelände zum Bodenschneidhaus.

Vom Bodenschneidhaus wandern wir auf dem Wirtschaftsweg in Richtung Süden, bis dieser endet. Dann folgen wir dem markierten Steig durch die Nordostflanke der Bodenschneid zum Freudenreichsattel. Von dort sind es nur wenige Meter hinab zur Oberen Firstalm. Von dieser führt ein gesperrter Wirtschaftsweg (der »Trautmannweg«) leicht fallend hinab zum Spitzingsattel, dem Endpunkt unserer Tour.

Mit Gipfelabstecher zur Bodenschneid: Vom Bodenschneidhaus auf einem Wirtschaftsweg in südlicher

Richtung eben zum Bergfuß, dann rechts dem steilen, serpentinenreichen Bergwanderweg über freies Gelände hinauf zum Gipfelkreuz folgen. Jenseits unterhalb der Kammschneide auf schmalem Pfad wieder hinab und auf den Suttenstein zu. Bei einem Waldstück zweigt dann links der Weg zur Unteren Firstalm ab. Von dort führt ein Treppenweg hinauf zur Oberen Firstalm.

Das ganzjährig bewirtschaftete Bodenschneidhaus des Deutschen Alpenvereins

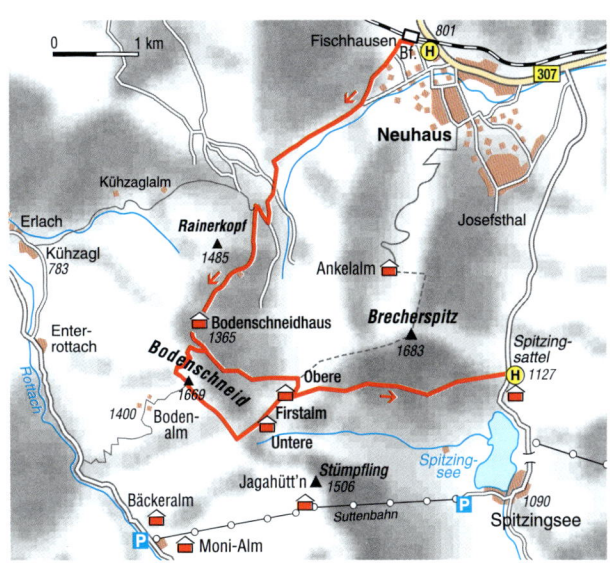

18 Runde um die Rotwand

Aus dem Leitzachtal zu einer Wanderdrehscheibe

● Mittel	🥾 20 km	⛰ 1130/ 1130 Hm	🕐 7–8 Std.

Tourencharakter: Überwiegend Wirtschaftswege, das letzte Stück auf der Route von Geitau zum Rotwandhaus erfolgt auf einem Bergwanderweg, ebenso der Übergang zum Taubensteinhaus, hier ist jedoch bei manchen Passagen Trittsicherheit gefragt. Der Anstieg zum Rotwandgipfel ist leicht.

Ausgangs-/Endpunkt: Bf. Geitau (776 m)

Höchste Punkte: Rotwandhaus (1737 m), Rotwand (1884 m)

Anfahrt: Von München mit der BOB über Holzkirchen und Schliersee bis zum Haltepunkt Geitau. Fahrzeit: 1 Stunde 15 Minuten.

Einkehr: Schellenbergalm (1400 m, im Sommer bewirtschaftet); Rotwandhaus (1737 m, AV-Haus, Übernachtung), Taubensteinhaus (1567 m, AV-Haus, Übernachtung) – beide sind ganzjährig geöffnet; Gasthaus Rote Wand in Geitau.

Karte: TK 1:50 000 Mangfallgebirge (LDBV)

Informationen: www.schliersee.de

Die Runde über das Rotwandhaus gehört zu den klassischen Touren in den Bayerischen Voralpen. Das 1906 erbaute und 1907 eröffnete Alpenvereinshaus der Sektion Turner-Alpenkränzchen ist eine Institution für Bergwanderer. Mit etwas Glück lassen sich hier Murmeltiere und Gämsen beobachten.

Vom Haltepunkt Geitau gehen wir zunächst vor zur Bundesstraße, queren diese und wandern in den Ort hinein. Vorbei am Gasthaus Rote Wand treffen wir

bald auf eine Wegver-
zweigung, der wir nach
links folgen. Ein gesperr-
tes Fahrsträßchen bringt
uns nun zu einer Weg-
gabelung (links geht es
nach Osterhofen). Dort
rechts weiter, wir queren
den Alpbach und treffen
oberhalb einer Forsthütte
auf eine weitere Wegver-
zweigung.

Das vor einigen Jahren aufwän-
dig renovierte Rotwandhaus ist
ganzjährig bewirtschaftet und
bietet auch einen guten Kaiser-
schmarrn. Nicht immer selbst-
verständlich auf einer großen
Alpenvereinshütte.

Wir nehmen nun den
links abzweigenden Wirtschaftsweg, der in einem
weiten Linksbogen um den bewaldeten Steilenberg
herum bergwärts führt. Nach einer Bergwiese steigt
der Weg in steilen Kehren zur Schellenbergalm an
und erreicht dann durch ein weiteres Waldstück den
Soinsee. Wir wandern an diesem rechts entlang zur
Großtiefentalalm, wo der Fahrweg endet. Wir folgen
dann dem links abzweigenden, schönen Bergwanderweg, der uns hinauf zur Kümpfelscharte bringt. Von
dort ist es nur mehr ein kurzes, steiles Stück hinauf
zum Rotwandhaus.

Vom Rotwandhaus wandern wir links haltend auf
einem breiten Wanderweg leicht ansteigend zum
westlichen Gratausläufer der Rotwand (dorthin können wir auch direkt vom Gipfel hinüberqueren). Ein
viel begangener Steig führt uns nun durch die Westflanke des Lämpersbergs hinüber zum Taubenstein
und hinab zur Bergstation der Taubensteinbahn. Dort
rechts weiter zum Taubensteinhaus. Von diesem Alpenvereinshaus wandern wir dann gut ausgeschildert auf einem Wirtschaftsweg durch den Krottentha-
ler Graben hinab zur Mieseben-Diensthütte, links
weiter nach Geitau und zurück zum Ausgangspunkt.

19 Taubenstein und Rotwandhaus

Vom Spitzingsee mit der Taubensteinbahn

● Leicht 🏃 14 km ⛰ 290/ 1000 Hm 🕐 4 Std.

Tourencharakter: Der Übergang zum Rotwandhaus und der Gipfelabstecher erfolgen auf Bergwanderwegen und Bergsteigen, der Abstieg auf einem Wirtschaftsweg.

Ausgangspunkt: Talstation Taubensteinbahn (1098 m)

Endpunkt: Spitzingsee (1084 m)

Höchste Punkte: Rotwandhaus (1737 m), Rotwand (1884 m)

Anfahrt: Von München mit der BOB über Holzkirchen und Schliersee bis zum Bahnhof Fischhausen-Neuhaus. Fahrzeit: ca. 1 Stunde 10 Minuten; dort umsteigen in den RVO-Bus zum Spitzingsee bis zur Taubensteinbahn

Bergbahn: Taubensteinbahn, Betrieb von Ende Mai bis Allerheiligen

Einkehr: Bergstation der Taubensteinbahn, Rotwandhaus (1737 m, AV-Haus, Übernachtung), Gasthäuser am Spitzingsee

Karte: TK 1:50 000 Mangfallgebirge (LDBV)

Informationen: www.schliersee.de

Wir haben bereits eine große Runde aus dem Leitzachtal über diesen Gipfel vorgestellt. An Beliebtheit unübertroffen ist jedoch der aussichtsreiche Übergang von der Bergstation der Taubensteinbahn über den Lämpersberg zum Rotwandhaus und damit auch zum Rotwandgipfel, den wir mit einem Schlenker mitnehmen.

Von der Bergstation der Taubensteinbahn, die bereits auf einer Höhe von 1611 Metern liegt, folgen wir rechts haltend dem schmalen Steig hinauf zu einem

Auf dem serpentinenreichen Anstiegsweg zur Rotwand

Sattel links des Taubensteins. Den mit einem kleinen Kreuz geschmückten, felsigen Gipfel können wir mit einem Schlenker gleich mitnehmen.

Dann folgen wir dem aussichtsreichen Höhenweg in leichtem Auf und Ab durch die südwestlichen Hänge des Lämpersbergs – die überwiegend mit Latschen bedeckt sind –, biegen dann links um den westlichen Gratausläufer der Rotwand herum und sehen auch schon das Rotwandhaus vor uns liegen. Nun entweder auf breitem Wanderweg hinab zu diesem oder links haltend auf direktem, schmalem Weg zum Gipfel der Rotwand.

Auf dem Gipfel können wir gut Brotzeit machen, und eine Panoramatafel hilft uns, die umliegenden Gipfel zu identifizieren. Vom Rotwandhaus führt dann ein ausgeschilderter Wirtschaftsweg über die Wildfeldalm hinab zu einem Fahrsträßchen, dem wir links hinab durch Wald zum Spitzingsee folgen. Dort erwarten uns dann ein paar Einkehrmöglichkeiten sowie die Bushaltestelle, von der wir mit dem RVO-Bus wieder hinab zum Bahnhof in Fischhausen-Neuhaus fahren.

Traditionelle Almhütte – mit Schindeln und Steinbeschwerung – am Abstiegsweg zum Spitzingsee

20 Auf den Wendelstein

Gipfelrunde und bergab

Mittel | 11 km | 130/1050 Hm | 3 Std.

Tourencharakter: Der Gipfelrundweg ist gut angelegt und mit Geländer gesichert, der Aufstieg von der Bergstation erfolgt dabei auf zahlreichen, in den Fels geschlagenen Treppen. Der Abstieg nach Osterhofen erfolgt zuerst auf Bergsteig, dann auf Fahrstraße, gut ausgeschildert.

Ausgangs-/Endpunkt: Hp. Osterhofen (790 m)

Höchster Punkt: Wendelstein (1838 m)

Anfahrt: Von München mit der BOB über Holzkirchen und Schliersee bis zum Haltepunkt Osterhofen. Fahrzeit: 1 Stunde 15 Minuten

Bergbahn: Wendelsteinbahn (Gondelbahn; ganzjährig in Betrieb)

Einkehr: Wendelsteinhaus (ganzjährig bewirtschaftet) und Wendelsteinalm (während der Weidesaison Brotzeit und Getränke)

Karte: TK 1:50 000 Mangfallgebirge (LDBV)

Informationen: www.brannenburg.de

Der Wendelstein ist ein markanter Gipfel, von Weitem sichtbar und denkbar gut erschlossen. Aber selbst wenn wir nur eine schnelle Auffahrt planen, bleibt auf dem Gipfel noch genügend zu tun: Es gilt, den über zwei Kilometer langen Gipfelrundweg samt Alpenlehrpfad zu erkunden. Also, packen wir es an!

Von der Bergstation wandern wir in 20 Minuten auf dem gesicherten Steig die 100 Höhenmeter hinauf zum Gipfelplateau. Der Gipfelrundweg beginnt jedoch schon etwas unterhalb und setzt Trittsicherheit voraus. Über einen schönen Aussichtsplatz geht es dann wieder zurück zur Bergstation.

Nachdem wir all diese Eindrücke und dazu vor allem die hervorragende Aussicht, die der exponiert ste-

Nach der Tour

Bereits auf der Tour haben wir die Möglichkeit, die geologisch interessante Wendelsteinhöhle zu besuchen (Eingang etwas unterhalb der Bergstation auf der Ostseite). In Bayrischzell und in Fischbachau finden sich Freibäder. Südlich von Fischbachau liegt zudem der reizvolle Wolfsee mit Bade- und Campingmöglichkeit.

hende Wendelstein bietet, genossen haben, nehmen wir von der Höhe Abschied. Wir gondeln nun hinunter oder, falls wir gleich auch noch die Wanderschuhe testen wollen, wandern auf gutem und gut

markiertem Wanderweg talwärts. Mit »B1« und roten Farbflecken versehen führt der Weg, der Bestandteil eines geologischen Lehrpfades ist, in etwa zweistündiger Gehzeit über die bewirtschaftete Wendelsteinalm (hier lohnt es sich, noch einmal genüsslich Rast abzuhalten) hinab nach Osterhofen, wo der voralpine Ausflug seinen Anfang nahm. Hand aufs Herz: Es könnte nichts Besseres geben als so eine Wanderung, um den Tag zu beschließen.

Die Umsetzstation des Bayerischen Fernsehens und die Wetterstation auf dem Gipfel des Wendelstein

Links: Rückblick vom Gipfelweg am Wendelstein auf die Bergstationen der beiden Bergbahnen. Im Hintergrund die fantastische Aussichtswarte

Tipp: Wer Lust auf eine aufregende und aussichtsreiche Rundtour hat, kann beide Bahnen benützen und mit dem Verbindungsbus die jeweils gegenüberliegende Talstation schließlich wieder bequem erreichen.

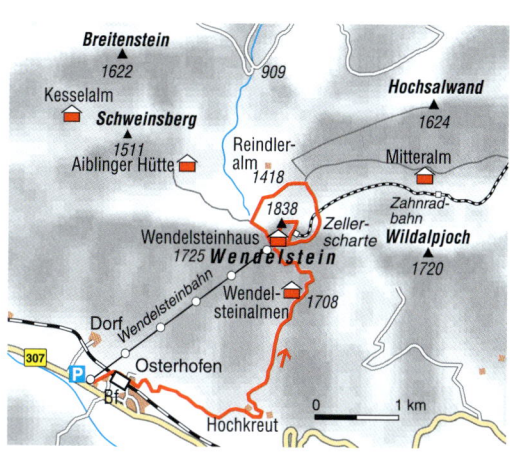

21 Neureuth, Gindelalm und Kreuzbergalm

Zur Bergwanderoase über dem Ausflugssee

Leicht | 14 km | 640/640 Hm | 3.15 Std.

Tourencharakter: Zu Beginn Ortsstraße, dann steiler Treppensteig, im oberen Teil guter Wanderweg. Der Abstieg erfolgt vor allem auf Forstwegen.

Ausgangs-/Endpunkt: Bf. Tegernsee (750 m)

Höchste Punkte: Neureuth (1263 m), Gindelalmschneid (1331 m)

Anfahrt: Von München mit der BOB über Holzkirchen zum Ort Tegernsee. Fahrzeit: ca. 1 Stunde 10 Minuten

Einkehr: Neureuthhaus (1263 m, privat, Mo Ruhetag); Gindelalm (1242 m): drei bewirtschaftete Almen, in der mittleren kann man sogar übernachten; Kreuzbergalm (1223 m, im Sommer bewirtschaftet, Mo ab 16 Uhr geschlossen)

Karte: TK 1:50 000 Mangfallgebirge (LDBV)

Informationen: www.tegernsee.com

Eine Möglichkeit, dem Trubel am Tegernsee zu entfliehen, ist die Wanderung auf die Neureuth. Von dort oben erhält der Tegernsee zumindest wieder den Anschein von Idylle. Von der Terrasse der Gastwirtschaft verklären sich die Berge zu überirdischen Gefilden. Der Abstieg erfolgt dann durch das Alpbachtal.

Wir starten unsere Tour am Endbahnhof der Bayerischen Oberlandbahn in Tegernsee. Durch die Bahnhofstraße und Neureuthstraße gelangen wir zuerst zur Volkshochschule; dort beginnt der steile Treppenweg hinauf zur Privatklinik Westerhof. Auf einer Fahrstraße bis zum Waldrand, dann auf dem Westerhofweg steil bergan. Bald münden der alte Sommerweg und der Bayernweg auf unsere Route (die genannten Wege können natürlich ebenfalls als Anstiegswege benutzt werden, da alle hinauf zur Neureuth führen; man achte im Ort auf die jeweilige Ausschilderung). Ein Stück unterhalb der Neureuth treten wir aus dem Wald auf eine Bergwiese hinaus und steigen auf dem Wiesenweg quer hinauf zur bereits sichtbaren Gastwirtschaft, wo uns eine kleine Kapelle und eine große Terrasse erwarten.

Den Abstieg könnten wir natürlich auch auf dem Anstiegsweg bewältigen. Doch es stehen uns zahlreiche Varianten offen. Wenn eine davon besonders empfohlen werden kann, dann vielleicht diese: Statt sogleich abzusteigen, wandern wir auf breitem Verbindungsweg ostwärts in Richtung Gindelalm. Kurz bevor wir diese erreichen, nehmen wir den rechts

abzweigenden, markierten Pfad und erreichen somit den 1331 Meter hohen Gipfel der Gindelalmschneid, den ein kleines Kreuz schmückt und der zumindest eine beschränkte Aussicht bietet. (Falls wir in der Gindelalm einkehren wollen, müssen wir hier direkt zu den Almhütten absteigen.)

Das Neureuthaus am Ostiner Berg ist eine Tegernseer Institution und deshalb Wanderziel das ganze Jahr über.

Von dort aus geht es jenseits hinab zur Kreuzbergalm und von da auf einer Forststraße hinunter ins Alpbachtal. Dann schlendern wir am Alpbach entlang talaus, genießen an heißen Tagen den Waldschatten und beschließen die Wanderung mit einer gemütlichen Bummelei, die am Bahnhof von Tegernsee ihr Ende findet.

22 Vom Tegernsee zum Schliersee

Kammüberschreitung mit Almeinkehr

Auf dieser reizvollen Streckenwanderung berühren wir nur am Rande einen Gipfel – die Gindelalmschneid –, haben jedoch den Vorteil, von Bahnhof zu Bahnhof zu wandern, ohne einen Bus bemühen zu müssen. Am Wege liegen zwei beliebte Einkehrstellen, das Berggasthaus Neureuth und die Gindelalm.

Leicht   10 km   530/ 500 Hm   3 Std.

Tourencharakter: Zu Beginn Ortsstraße, dann steiler Treppensteig, im oberen Teil leichte Bergwanderwege; Abstieg zum Schliersee Wirtschaftssträßchen, dann Fahrweg

Ausgangspunkt: Bf. Tegernsee (750 m)

Endpunkt: Bf. Schliersee (785 m)

Höchste Punkte: Neureuth (1263 m), Gindelalm (1242 m)

Anfahrt: Von München mit der BOB über Holzkirchen nach Tegernsee. Fahrzeit: ca. 1 Stunde 10 Minuten. RÜCKFAHRT: Mit der BOB vom Bahnhof Schliersee im Stundentakt

Einkehr: Neureuthhaus (1263 m, ganzjährig bewirtschaftet, Mo Ruhetag); Gindelalm (1242 m, drei bewirtschaftete Almen, in der mittleren kann man übernachten, 25 Betten), Hofwirtschaft in der Hennerer Au

Karte: TK 1:50 000 Mangfallgebirge (LDBV)

Informationen: www.tegernsee.com

Vom Bahnhof Tegernsee gehen wir zuerst durch die Bahnhofstraße und die Neureuthstraße hinauf zur Volksschule, wo rechts der steile Treppenweg zur Klinik Westerhof beginnt. Dort auf einer Fahrstraße weiter bis zum Waldrand, dann links auf dem Westerhofweg steil bergan.

Es führen nun ein paar Wege bergwärts, die wir alle benutzen können und die sich weiter oben wieder treffen. Wir treten dann aus dem Wald hinaus auf eine Bergwiese und wandern auf einem Wiesenweg hinauf zur bereits sichtbaren Berggaststätte mit kleiner Kapelle. Auf der Gindelalm – unserem nächsten Ziel – teilen drei bewirtschaftete Almen die Schar der Wanderer zur Verköstigung unter sich auf, wobei wir in der mittleren von den dreien (Gindelam II) sogar übernachten können. Im Wesentlichen handelt es sich bei diesem Übergang um eine Waldwanderung mit gelegentlichen Ausblicken, wobei idealerweise die Gindelalm auf halbem Weg liegt. Etwas mehr Aussicht bietet uns der kurze Abstecher von der Gindelalm zur Gindelalmschneid.

Ein steiler Almfahrweg leitet uns von den drei Almen hinab in die Hennerer Au. Im Tal angekommen, folgen wir ein Stück der Fahrstraße bis zum Ortsrand von Breitenbach, wandern dann rechts am gleichnamigen Bach entlang und überqueren diesen links. Auf der folgenden Straße rechts, bald wieder links, dann über die Bahngleise. Ein Stück hinab und rechts auf breitem Weg am Sportplatz vorbei. 200 Meter dahinter gehen wir rechts über eine Brücke und schließlich in die Ortsmitte von Schliersee. Links weiter zum Bahnhof, wo wir die Rückfahrt antreten können.

Blick von der Gindelalmschneid auf die drei bewirtschafteten Hütten der Gindelalm

23 Risserkogel

Hinter Vorbergen versteckter Paradegipfel

Schwer	14 km	1100/1100 Hm	6.30 Std.

Tourencharakter: Anspruchsvolle Bergwanderung, am Gipfelgrat sind jedoch Trittsicherheit und Schwindelfreiheit erforderlich (einige Seilsicherungen). Der Rückweg durch das Tal der Langen Au ist gemütlich.

Ausgangs-/Endpunkt: Bushaltestelle Kreuth (772 m)

Höchster Punkt: Risserkogel (1826 m)

Anfahrt: Von München mit der BOB über Holzkirchen nach Tegernsee. Fahrzeit: ca. 1 Stunde 10 Minuten; dann mit dem Oberbayernbus weiter nach Kreuth. RÜCKFAHRT: Mit dem RVO-Bus zurück nach Tegernsee; der Bus kann bereits am Talausgang der Langen Au (Kistenwinterstube) genommen werden oder aber in Kreuth (Abfahrt einige Minuten später).

Einkehr: Schwaigeralm im Tal der Langen Au, Raineralm; beide sind ganzjährig bewirtschaftet.

Karte: TK 1:50 000 Mangfallgebirge (LDBV)

Informationen: www.kreuth.de

Der Risserkogel gehört nicht nur zu den höchsten Gipfeln der Tegernseer Berge, sondern auch zu den beliebtesten. In unmittelbarer Nähe befindet sich der felsige Plankenstein, der schon so manchen Kletter-Aspiranten zu ersten Hochgefühlen verholfen hat. Der klassische Anstieg beginnt in Kreuth.

Von der Ortsmitte in Kreuth wandern wir zunächst zum Kurpark, gehen rechts an diesem entlang und queren eine Brücke. Dort führt uns ein markierter Weg bergwärts. Bald lassen wir die letzten Häuser des Ortsteils Riedlern hinter uns und folgen zunächst einem Ziehweg. Anschließend treffen wir auf eine Forststraße, der wir ein Stück folgen, um schließlich wieder in einen Ziehweg einzubiegen. Dieser geht bald in einen Bergwanderweg über (Mark. WB 1).

So erreichen wir den Bergkamm, der das Grubereck mit dem Setzberg verbindet. Wir gehen nun rechts haltend zum Grubereck (1664 m) weiter. Dort halten wir uns links, immer dem Kammverlauf folgend, und steigen direkt auf den Gipfel des Risserkogels zu, den wir schließlich nach Überwindung einer steilen, ausgesetzten Stelle erreichen.

Ausgangspunkt unserer Tour ist Kreuth.

Für den Abstieg gehen wir ein Stück des Anstiegsweges zurück und verlassen dann den Gratrücken nach links. Wegweiser leiten uns dann auf einen Bergsteig, der über die Ableitenalm und die Scheuereralm talwärts führt. Nach der Ableitenalm nimmt uns der Wald auf und in zahlreichen kurzen Serpentinen windet sich unser Weg hinab ins Tal der Langen Au. Dort folgen wir rechts der Forststraße talauswärts zur Schwaigeralm, wo wir einkehren können. Kurz dahinter verzweigt sich unser Weg: Wir können nun entweder links hinaus zur Haltestelle Kistenwinterstube wandern oder den längeren Weg über die Raineralm nach Kreuth antreten.

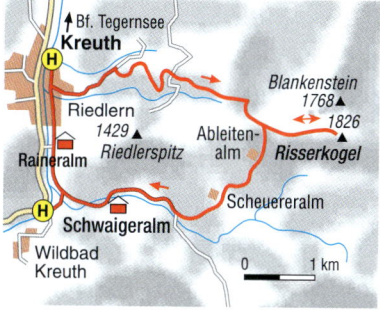

Blick vom Risserkogel über den markanten Blankenstein auf den Wallberg

24 Königsalm und Schildenstein

Unterwegs in den Blaubergen

Mittel | 13 km | 750/750 Hm | 5.30 Std.

Tourencharakter: Überwiegend Bergwanderwege, der Anstieg durch die Wolfsschlucht ist jedoch steil und ausgesetzt (einige Seilsicherungen), Trittsicherheit und Schwindelfreiheit sind erforderlich. Für Nichtschwindelfreie bietet sich jedoch der Anstieg über die Geißalm an, der Abstieg erfolgt dann auf demselben Weg.

Ausgangs-/Endpunkt: Bushaltestelle Enterfelser Alm (866 m)

Höchste Punkte: Königsalm (1114 m), Schildenstein (1613 m)

Anfahrt: Von München mit der BOB über Holzkirchen nach Tegernsee. Fahrzeit: ca. 1 Stunde 10 Minuten. Von dort mit dem Oberbayernbus über Kreuth bis zur Haltestelle Enterfelser Alm

Einkehr: Königsalm (Di Ruhetag) und Siebenhüttenalm (beide im Sommer bewirtschaftet)

Karte: TK 1:50 000 Mangfallgebirge (LDBV)

Informationen: www.kreuth.de

Die Königsalm in den Blaubergen führt ihren Namen zu Recht, denn sie ist noch heute im Besitz der Wittelsbacher, dem ehemaligen bayerischen Königshaus. Als Gipfelziel steht der Schildenstein auf dem Plan – wir passieren ihn, gleich nachdem wir die Wolfsschlucht hinter uns gelassen haben.

Bei der Bushaltestelle queren wir sogleich die Bundesstraße und folgen dem Wirtschaftsweg an der Weißach entlang zur Siebenhüttenalm. Dort rechts weiter auf dem Fahrweg hinauf zur Königshütte und jenseits wieder hinab ins Tal der Felsweißach. Nun teilweise im Bachbett bis zum Talschluss. Auf zum Teil gesichertem Steig durch die Wolfsschlucht hin-

Der Schildenstein von Südosten gesehen

auf zum Blaubergsattel. Dort rechts weiter zum Gipfelaufbau des Schildensteins. Ein gut markierter Pfad führt uns von dort zum Gipfel.

Dann wieder zurück zum Wandfuß und rechts weiter. Bald durch Wald zum Graseck, über dieses hinweg und hinab zur Königsalm, wo wir einkehren können. Beim langen Stall beginnt der Weg hinüber zur Geißalm. Zunächst durch Almwiesen, dann über den Klammbach und auf der anderen Seite oberhalb des Klammgrabens weiter zur Geißalm. Von dieser führt uns ein Steig über Bergwiesen und durch Wald hinab zu dem Wirtschaftsweg, den wir zum Auftakt der Tour beschritten haben. Auf diesem dann links zurück zum Ausgangspunkt.

Die Wege sind gut ausgeschildert (Bild unten) und eine Einkehrmöglichkeit gibt es auch: die Königsalm.

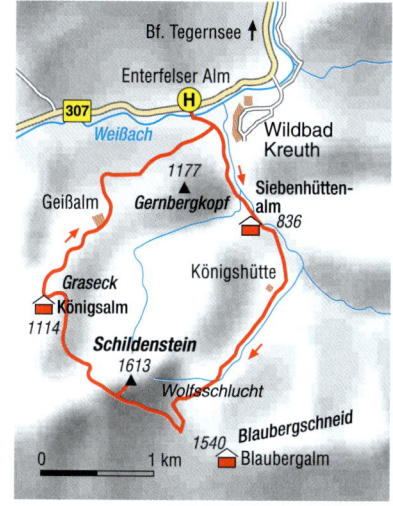

25 Aueralm und Fockenstein

Leichte Almwanderung mit reizvoller Gipfeleinlage

Leicht | 17 km | 825/825 Hm | 5 Std.

Tourencharakter: Bis auf die Gipfelrunde am Fockenstein (z. T. felsiges, aber unschwieriges Gelände) und den Abstieg zum Hirschtalsattel bewegen wir uns auf Alm- bzw. Forstwegen.

Ausgangs-/Endpunkt: Bushaltestelle Söllbach in Bad Wiessee (750 m)

Höchste Punkte: Aueralm (1260 m), Fockenstein (1564 m)

Anfahrt: Von München mit der BOB über Holzkirchen in Richtung Tegernsee bis Bahnhof Gmund. Fahrzeit: 1 Stunde. Dort weiter mit dem Oberbayernbus nach Bad Wiessee bis Haltestelle Söllbach

Einkehr: Aueralm (1260 m, Mo Ruhetag, ganzjährig bewirtschaftet, im Winter jedoch nur an den Wochenenden)

Karte: TK 1:50 000 Mangfallgebirge (LDBV)

Informationen: www.bad-wiessee.de

Oberhalb von Bad Wiessee liegt ein »Muss« für jeden Bergwanderer: die Aueralm mit dem Fockenstein. Auf einem freien Wiesenbuckel steht die gemütliche Hütte, von ihrer Terrasse bietet sich uns ein Panorama aller Tegernseer Berge. Und für den Gipfelabschluss ist der Fockenstein genau das Richtige.

Von der Haltestelle in Bad Wiessee folgen wir bergwärts zunächst der Söllbachtalstraße bis zur Wegverzweigung; dort links weiter zum Wanderparkplatz am Eingang des Söllbachtals. Auf zunächst asphaltiertem, dann unbefestigtem Fahrweg wandern wir am Bach entlang talein.

Kurz hinter der zur Zeit geschlossenen Söllbachklause zweigt rechts ein Almweg ab. Auf diesem geht es in Kehren durch Wald hinauf, bis wir die erste Aussicht genießen können. Gegenüber baut sich der Hirschberg auf und rechts dahinter erkennen wir den markanten Doppelgipfel des Roß- und Buchsteins. Der anstrengende Teil der Wanderung zur Aueralm ist nun vorbei, und wir steigen gemütlich weiter an, bis zur Kammhöhe des Söllbergs. Dort links weiter zum Waldende, wo wir oberhalb der ersten Almwiesen die reizvoll gelegene Aueralm zu Gesicht bekommen. Mancher wird auf der Almterrasse den Anstieg beenden wollen, denn das Aufbrechen von diesem gemütlichen und aussichtsreichen Flecken Erde fällt schwer. Wir wandern jedoch weiter und folgen dem Almfahrweg in Richtung Neuhüttenalm. Nach etwa zehn Minuten biegen wir rechts ab und steigen auf

Pfad durch Hochwald steil an. Nach einem nur mehr sanft ansteigenden Stück steht uns noch der Gipfelsturm über steile Bergflanken bevor.

Anschließend steigen wir über die schrofige Südwestflanke und den grasigen Vorgipfel ab und wandern links hinab zum Neuhütteneck und zur Neuhüttenalm. Der Abstieg zum Hirschtalsattel

(1224 m) führt dann auf Feldweg über Bergwiesen und durch Wald. Vom Sattel nun Richtung Osten durch Wald hinab in den Stinkergraben, der seinen Namen von den hier befindlichen Schwefelquellen hat. Bei der Holzstube treffen wir auf den breiten Fahrweg, der uns immer am Söllbach entlang hinausleitet bis nach Bad Wiessee.

Blick über die Aueralm auf die östlichen Tegernseer Berge

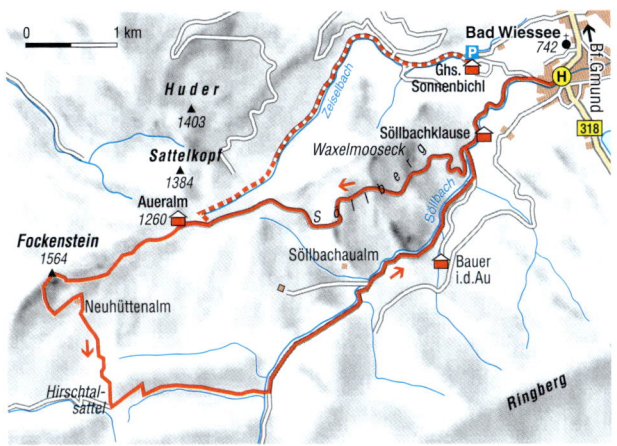

26 Roßstein und Tegernseer Hütte

Leichter Wandergipfel und spektakuläre Hütte

Mittel | 6 km | 800/ 800 Hm | 4.30 Std.

Der Doppelgipfel Roß- und Buchstein setzt in den Tegernseer Bergen einen alpinen Akzent. Wenn auch der Buchstein den Felsgeübteren vorbehalten ist, so bleibt doch der Roßstein als einfacher Wandergipfel; alle gemeinsam treffen sich dann wieder auf der exponiert gelegenen Tegernseer Hütte.

Tourencharakter: Zum Teil steiler, aber gut begehbarer Bergsteig. Der direkte Hüttenzustieg vom »Brotzeitfelsen« ist drahtseilgesichert. Der Gipfel liegt nur wenige Meter oberhalb der Hütte.

Ausgangs-/Endpunkt: Haltestelle Tegernseer Hütte (852 m)

Höchster Punkt: Roßstein (1698 m)

Anfahrt: Mit der BOB über Holzkirchen nach Tegernsee. Fahrzeit: ca. 1 Stunde 10 Minuten. Von dort weiter mit Oberbayernbus in Richtung Achensee bis zur Haltestelle Tegernseer Hütte

Einkehr: Tegernseer Hütte (1650 m, AV-Hütte, Übernachtung), Sonnbergalm-Hochleger (1498 m, während der Weidezeit bewirtschaftet). Mehrere Gaststätten an der Deutschen Alpenstraße, z. B. das Gasthaus Bayerwald

Karte: TK 1:50 000 Mangfallgebirge (LDBV)

Informationen: www.kreuth.de

Wir beginnen unsere Wanderung am Parkplatz an der Straße Richtung Achenpass und müssen zu Beginn ein recht »gaches« Stück bewältigen. Der steile und schmale Bergwanderweg ist ausgeschildert und führt uns zunächst durch ein schattiges Waldstück hinauf zu dem Sonnbergalm-Niederleger auf 1144 Metern Höhe.

Wir gehen zwischen den Hütten durch und folgen jenseits weiter dem noch steilen Steig durch den nun lichter werdenden Wald, bis wir die Almwiesen des Sonnbergs, eines freien Bergrückens vor dem eigentlichen Ziel, erreichen.

Bereits hier bietet sich uns eine freie Sicht auf all die umliegenden Berge, wobei sich der keck aufragende Leonhardstein besonders bemerkbar macht. Links von der im Sommer bewirtschafteten Alm steigen wir nun weiter über die freien Hänge bis zum sogenannten Brotzeitfelsen, wo sich die trittsicheren von den nicht schwindelfreien Wanderern trennen müssen. Erstere nehmen den rechts nach oben führenden leichten Klettersteig, der direkt hinaufführt zur Tegernseer Hütte, die weniger Geübten umrunden stattdessen im Uhrzeigersinn den Roßstein und steigen dann von Norden kommend hinauf zur Hütte.

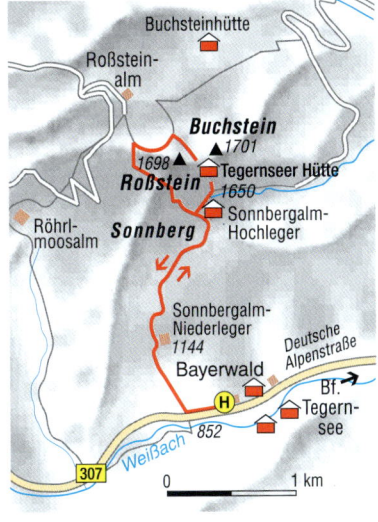

Von der Terrasse der Tegernseer Hütte präsentieren sich die umliegenden Berge wie aus der Vogelperspektive.

Gipfelweg: Von dort sind es nur noch wenige Meter zum Roßsteingipfel; Klettergewandte dürfen sich natürlich auch am Buchstein versuchen, der sich direkt hinter der Hütte steil und herausfordernd in den Himmel reckt. Doch Vorsicht, der Fels ist schon ziemlich abgegriffen und glatt. Und trotz des nicht schwierigen Anstiegs stellt gerade die starke Ausgesetztheit des Geländes für die meisten Tatendurstigen das größte Hindernis dar. Also auf keinen Fall bei nassen Felsen dort hinaufklettern. Der Blick von der Hüttenterrasse ist aufregend genug.

Blick vom Mahnkopf auf die Laliderer Wände im Karwendel-hauptkamm. Rechts unten erkennen wir die Falkenhütte.

Rofangebirge und
Karwendel

27 Erfurter Hütte und Rofanspitze

Hüttenziel und Gipfel über dem Achensee

Mittel	10 km	440/ 1280 Hm	5 Std.

Tourencharakter: Von der Bergstation zum Rofangipfel führt ein leichter Wanderweg, der Trittsicherheit erfordert. Der Abstieg ins Tal ist zum Teil steil.

Ausgangs-/Endpunkt: Talstation der Rofanbahn (980 m)

Höchste Punkte: Erfurter Hütte (1831 m), Rofanspitze (2259 m)

Anfahrt: Von München mit der BOB über Holzkirchen nach Tegernsee. Fahrzeit: ca. 1 Stunde 10 Minuten. Von dort weiter mit RVO-Bus nach Maurach am Achensee zur Talstation der Rofanbahn. Gesamtfahrzeit: ca. 2,5 Stunden

Bergbahn: Rofanbahn (von Mai bis Ende Oktober)

Einkehr: Berggasthof Rofan an der Bergstation, Erfurter Hütte (1834 m, AV-Hütte, Übernachtung), Mauritzalm

Karte: Freytag & Berndt WK 1:50 000 Nr. 321 Achensee/Rofan/Unterinntal

Informationen: www.pertisau.at

Auf der Wanderung von der Bergstation der Rofanbahn zur sanft geneigten Rofanspitze bewegen wir uns auf dem Europäischen Fernwanderweg 4. An seinem Weg liegen die Erfurter Hütte und die Mauritzalm als Einkehrmöglichkeiten. Am Ziel selbst müssen wir uns aus dem Rucksack verpflegen.

Von der Bergstation der Rofanbahn (1840 m) wandern wir zuerst nordöstlich in zehn Minuten zur im Sommer bewirtschafteten Mauritzalm (1845 m). Die gemütliche Rast auf der Terrasse dieser Jausenstation heben wir uns jedoch bis zum Tourenende auf. Wir ignorieren die zahlreichen Wegverzweigungen,

orientieren uns an dem AV-Weg Nummer 401 und wandern über die Mauritzstiege in ein kleines Hochtal. Wir überwinden dabei einen kleinen Sattel und halten uns dann links abwärts, vorbei an einer Gedenktafel, zur Grubalacke.

Nun steigen wir noch mal steil an, gehen bei einer Wegteilung rechts und erreichen so die Grubascharte (2100 m). Von dieser behalten wir unsere Richtung bei – steigen also nicht links hoch zum Westgipfel, denn der Übergang von dort zum Hauptgipfel ist sehr ausgesetzt – und folgen ziemlich eben dem E 4 in Richtung Schafsteigsattel, bis links ein Steig zum Hauptgipfel abzweigt. In zahlreichen Serpentinen über den grasigen Südrücken aufwärts, zuletzt über eine kleine Felsstufe zum Gipfelkreuz. So sanft sich der Gipfel nach Süden neigt, so steil fällt er nach Nor-

Die Erfurter Hütte gegen die Dalfazer Wände

Linke Seite: Der Gipfelaufbau der Rofanspitze

91

den in den Ampmoosboden ab. Also Vorsicht! Der Rofangipfel ist zwar nur der zweithöchste Gipfel des Rofangebirges, obwohl der Name nahelegt, dass es sich um den Hauptgipfel handelt – dieser Vorzug ge-

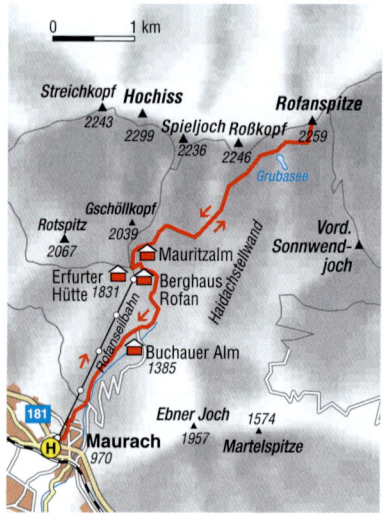

Auf bequemen Wegen starten wir unsere Tour an der Bergstation der Rofanseilbahn.

bührt der Hochiss, die zwar nicht viel höher ist, dafür aber ein ganzes Stück anspruchsvoller. Die Aussicht ist dennoch großartig: Der Blick reicht über das Inntal hinweg auf die vergletscherten Zentralalpen, im Westen erheben sich die felsigen Gipfel des Karwendelgebirges, im Norden dominiert der Guffert das weitläufige Panorama.

Die Rückkehr zum Ausgangspunkt erfolgt auf derselben Route. Falls wir den gesamten Abstieg zu Fuß vorziehen, nehmen wir von der Bergstation der Seilbahn den Steig über den Mauritzalm-Niederleger (1489 m). An diesem vorbei gehen wir noch vor Erreichen der Jausenstation Buchauer Alm (1385 m) rechts, jenseits des Madersbachs wieder links und folgen dem steilen Steig am Bach entlang talwärts. Wir queren dabei zwei Forststraßen und gelangen so direkt zurück zur Talstation der Rofanseilbahn.

Der Blick von der Rofanspitze über das Inntal hinweg reicht bis in die Tuxer Alpen.

28 Falkenhütte und Mahnkopf

Ein Platz zum Träumen

Mittel   10 km   900/   6.15 Std.
                 900 Hm

Tourencharakter: Leichte Bergwege und Bergsteige. Am Mahnkopf ist jedoch Vorsicht geboten, steiler Bergpfad (Trittsicherheit erforderlich).

Ausgangs-/Endpunkt: Almdorf Eng (1203 m)

Höchste Punkte: Falkenhütte (1846 m), Mahnkopf (2094 m)

Anfahrt: Mit der BOB über Holzkirchen nach Lenggries. Fahrzeit: ca. 1 Stunde. Von dort weiter mit dem Bergsteigerbus in die Eng (Endstation). Fahrzeit Bus: ca. 55 Minuten. Gesamtfahrzeit: ca. 2 Stunden

Einkehr: Falkenhütte (AV-Hütte, Übernachtung; bis Frühjahr 2020 wegen Generalsanierung geschlossen), Alpengasthof Eng, Jausenstation Engalm

Karte: TK 1:50 000 Karwendel (LDBV)

Informationen: www.engalm.at

Der Mahnkopf erreicht gut 2000 Meter Höhe, und daher rücken die großen Karwendelgipfel wie Birkkarspitze, Lalidererspitze und Lamsenspitze quasi in greifbare Nähe. Anschließend gönnen wir uns noch eine Übernachtung auf der Falkenhütte. Das gibt zusammen genommen einen runden Bergausflug.

Von der Endhaltestelle des Busses in der Eng wandern wir zunächst auf dem breiten, geteerten Weg – vorbei am Alpengasthof Eng mit seiner großen

Südterrasse – hinüber zum größten Almdorf Tirols, das jedoch nur von der deutschen Seite aus zugänglich ist. In einigen der Almhütten könnte man sogar übernachten. Zur Einkehr bietet sich die Jausenstation Engalm an. Dort fühlen wir uns als Wanderer etwas wohler, auch gibt es einen Almladen, wo wir Almprodukte erwerben können. Aber das heben wir uns besser für den Rückweg auf, es sei denn, wir benötigen noch etwas Käse für unsere Brotzeit am Berg. Hinter den letzten Hütten passieren wir dann ein Weidegatter und orientieren uns an den Wegweisern

hinauf zur Falkenhütte. Der sanierte Bergwanderweg bringt uns über zahlreiche Serpentinen über Bergweiden und durch ein kleines Wäldchen hinauf zu den Bergwiesen am Hohljoch. Dort führt unser Wanderweg ein wenig hinab und leitet uns dann über die Laliderer Reisen und unter den beeindruckenden Wänden der Laliderer hinüber zum Spielißjoch. Nach ein paar Serpentinen über freies Gelände erreichen wir die schön gelegene Falkenhütte.

Der Abstecher zum Mahnkopf führt uns zunächst auf den markierten Steig links bzw. rechts um das Ladizköpfl herum in das Ladizjöchl (1825 m). Wir bleiben auf der Kammhöhe und folgen dem rot-weiß markierten Steig, der uns über zahlreiche Serpentinen hinauf zum kreuzgeschmückten Mahnkopf führt. Das Panorama dort oben ist grandios. Besonders beeindruckend sind von dort oben die Laliderer Wände. Der Abstieg erfolgt auf der Anstiegsroute.

Die Engalmen vor der Kulisse des Karwendelhauptkamms

29 Über das Lamsenjoch

Von der Gramaialm hinüber in die Eng

Mittel   11,5 km   700/800 Hm   4 Std.

Tourencharakter: Wanderung auf breiten Hüttenwegen sowie leichten Bergwanderwegen

Ausgangspunkt: Gramaialm (1263 m) bzw. Pertisau (952 m)

Endpunkt: Engalm (1203 m)

Höchster Punkt: Lamsenjochhütte (1958 m)

Anfahrt: Mit der BOB über Holzkirchen nach Tegernsee. Fahrzeit: ca. 1 Stunde 10 Minuten. Von dort weiter mit RVO-Bus nach Pertisau am Achensee. Gesamtfahrzeit: ca. 2,5 Stunden. RÜCKFAHRT: Mit dem RVO-Bergsteigerbus von der Eng nach Lenggries

Einkehr: Lamsenjochhütte (1958 m, AV-Hütte, Übernachtung), Binsalm (1503 m, Übernachtung), Gramaialm (1263 m, Alpengasthof im Falzthurntal), Gramai-Hochleger (1756 m, privat, Übernachtung), Alpengasthof und Jausenstation in der Eng

Karte: TK 1:50 000 Karwendel (LDBV)

Informationen: www.pertisau.at

Ein spektakulärer Übergang vom Falzthurntal ins Engtal mit prächtigen Ausblicken auf Sonnjoch, Lamsenspitze, Gumpenkarspitze und die Gamsjochgruppe! Endpunkt unserer eindrucksvollen Wanderung ist die populäre Almsiedlung in der Eng. Anfahrt und Rückkehr erfolgen mit dem Bergsteigerbus des Deutschen Alpenvereins.

Da der Bergsteigerbus nicht mehr fährt, der die Strecke von Pertisau bis zur Gramaialm bediente, müssen wir die Strecke zu Fuß laufen. Der markierte Weg (Nr. 201) verläuft durch das schöne Falzthurntal, und zwar auf der linken Talseite, und erreicht über den bewirtschafteten Alpengasthof Falzthurnalm die Gramaialm, ebenfalls ein großes Gasthaus im Talschluss. Zu bestimmten Zeiten fährt ein Nostalgiebus die Strecke Pertisau–Gramaialm.

Am Alpengasthof Gramaialm geht es rechts vorbei und auf unbefestigtem Wirtschaftsweg (Mark.-Nr. 201) durch den Gramaier Grund, dann zu Beginn noch mäßig ansteigend in das latschendurchsetzte Kar und in zwei Stufen in zahlreichen Serpentinen hinauf zum Östlichen Lamsenjoch. Links haltend weiter zur Lamsenjochhütte, die in einem grandiosen Felskessel liegt. Wer trittsicher und absolut schwindelfrei ist, kann von der Alpenvereinshütte noch die Lamsenspitze besteigen; das ist allerdings nur möglich, wenn wir dafür eine Übernachtung einplanen (3,5 Std. zusätzliche Gehzeit).

Die Engalm beim Großen Ahornboden gilt als eine der größten Almsiedlungen in Tirol.

Linke Seite: Der Gramaialm-Hochleger ist eine private Unterkunftshütte und idealer Stützpunkt für die Besteigung des Sonnjochs.

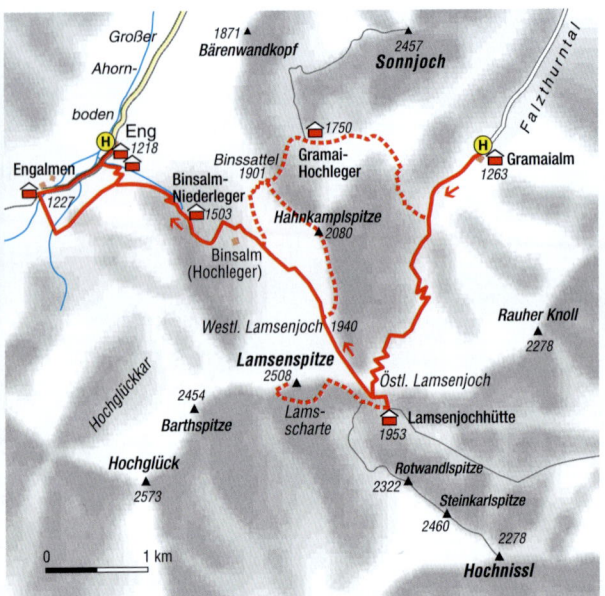

Von der Alpenvereinshütte starten wir dann den großartigen Abstiegsweg in die Eng, der von einer wunderbaren Felskulisse begleitet wird. Auf dem ausgeschilderten Weg wandern wir zunächst über das Östliche Lamsenjoch nahezu eben hinüber zum Westlichen Lamsenjoch (1940 m), dann am Hahnkampl vorbei (eine Überschreitung ist möglich, erfordert aber Trittsicherheit und Schwindelfreiheit) und hinab zu einer Wegverzweigung. Links weiter auf schönem Wanderweg hinab zur Binsalm (Niederleger, mit Einkehrmöglichkeit). Von dort geht es auf einem Almfahrweg weiter, bis rechts der Steig hinab zum Alpengasthof Eng abzweigt. Man kann jedoch auch dem Sträßchen bis in die Eng folgen. Dort haben wir sicherlich noch Zeit, uns in dem großen Almdorf umzusehen, in der Jausenstation oder dem schönen

Berggasthaus einzukehren, bis der Bergsteigerbus uns wieder in Richtung Heimat bringt.

Abstiegsvariante: Wer eine Runde über den Gramai-Hochleger machen will, folgt bei der Abzweigung

200 Höhenmeter unterhalb des Westlichen Lamsenjochs rechts dem Steig hinauf zum Binssattel (1900 m) und jenseits leicht hinab und in einem Rechtsbogen hinüber zum Gramai-Hochleger (1765 m), der rechts vom Anstiegsweg zum Sonnjoch liegt. Von dort führt ein breiter Wanderweg hinab in den Gramaier Grund und links hinaus zum Alpengasthof Gramai.

Die Lamsenjochütte; rechts die Lamsenspitze

Ganz oben rechts: In der Eng gibt es prächtige alte Ahornbäume zu bewundern.

Oben links: Der Gramaialm-Hochleger mit Blick auf die Rappenspitze

30 Rontal-Tortal-Runde

Stille Almwanderung im Vorkarwendel

Leicht | 12 km | 890/890 Hm | 4–5 Std.

Tourencharakter: Alm- und Bergwanderwege, die lediglich etwas Trittsicherheit verlangen. Eine Tour auch für Nichtschwindelfreie.

Ausgangs-/Endpunkt: Haltestelle Zur Post, Hinterriss (928 m)

Höchster Punkt: Torscharte (1815 m)

Anfahrt: Anfahrt mit der BOB über Holzkirchen nach Lenggries. Fahrzeit: ca. 1 Stunde (nur Bahn). Von dort weiter mit dem Bergsteigerbus (Oberbayernbus) nach Hinterriss, Haltestelle Zur Post (Fahrzeit Bus: ca. 40 Minuten). Gesamtfahrzeit: ca. 1 Stunde 45 Minuten

Einkehr: Rontalalm (1262 m, im Sommer einfach bewirtschaftet), Wirtshäuser in Hinter- und Vorderriss

Karte: TK 1:50 000 Karwendel (LDBV)

Informationen: www.karwendel.org

Die meisten Ausflügler fahren an Hinterriss vorbei weit hinein ins Herz des Karwendelgebirges, bis zur Eng. Aber dort angekommen, muss man leider feststellen, dass es schwer überlaufen ist. Deshalb fahren Kenner nur bis Hinterriss. Dort beginnt eine Wanderung, die viel stiller und eindringlicher ist.

Beim ehemaligen Zollhaus Hinterriss, das wir in wenigen Minuten erreichen, führt der Rontalweg am Ufer des Ronbachs westwärts talein. Bei einer Abzweigung rechter Hand nach Vordersbachau hält man sich weiter am südlichen Ufer des Ronbachs. Nach einer knappen Stunde überschreiten wir den Bach auf einer Brücke und gelangen bald darauf zum offenen Gelände der Rontalalm.

Vor dieser Alm sei eindringlich gewarnt: Wer sich zu Rast und Verweilen hinreißen lässt, wird nur noch hocken und staunen und das Wandern vergessen. Denn der Blick in die wilden Nordflanken von Östlicher Karwendelspitze und Vogelkarspitze ist einfach überwältigend. Über die offene Almfläche geht es dann weiter, durch Wald geht man auf den Talschluss zu, bis linker Hand ein Steig über Wiesen und Geröll in vielen kleinen Kehren hinauf zur 1815 Meter hohen Torscharte führt. Von der Alm bis zum höchsten Punkt unserer Wanderung müssen wir 1,5 Stunden rechnen.

Bei der Scharte führt der Steig ostwärts hinab ins Tortal. Zunächst geht es steil abwärts zum Tortal-Hochleger, dann weiter hinab zu den Weideflächen der Tortalalm. Hier bilden die mächtigen Wandfluchten

Über dem Rontal erhebt sich die beeindruckende Östliche Karwendelspitze.

von Lackenkarkopf und Kuhkopf den eindrucksvollen Talabschluss. Ab der Alm verengt sich das Tal. Zunächst links, dann rechts vom Torbach führt der Weg meist waldgesäumt gemütlich talaus und zurück nach Hinterriss. Wahrscheinlich haben wir dann noch etwas Zeit, um einen Wirtshausschlenker einzubauen, bis uns der Bergsteigerbus wieder aufnimmt.

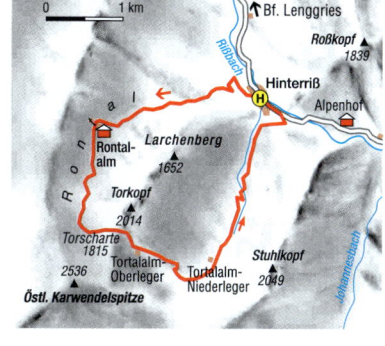

31 Mittenwalder Höhenweg

Luftiges Abenteuer im westlichsten Karwendelkamm

| Schwer | 14 km | 270/ 1600 Hm | 8 Std. |

Tourencharakter: Der Klettersteig führt über mehrere Gipfel und ist mit 70 Metallleitern, einigen Holzstegen, 1500 m Sicherungsseilen, Eisenstiften und Trittstufen gesichert. Achtung: Die Route verläuft durch stark ausgesetztes Gelände, bei Wettersturz gefährlich!

Ausrüstung: Klettersteigausrüstung

Ausgangspunkt: Bergstation der Karwendelbahn (2244 m)

Endpunkt: Bf. Mittenwald (911 m)

Höchster Punkt: Westl. Karwendelspitze (2384 m)

Anfahrt: Mit der Bahn über Garmisch-Partenkirchen nach Mittenwald. Von dort weiter zu Fuß (10 Minuten) zur Talstation der Karwendelbahn

Einkehr: Bergstation der Karwendelbahn, Brunnsteinhütte (1560 m, AV-Hütte, Übernachtung)

Karte: TK 1:50 000 Karwendel (LDBV)

Informationen: www.mittenwald.de

Dieser Klettersteig folgt ohne große Höhenverluste einem aussichtsreichen Gebirgskamm. Noch ein Pluspunkt der Route: Ihr hoch gelegener Ausgangspunkt ist mit der Karwendelbahn schnell zu erreichen. Als Auftakt nehmen wir die Westliche Karwendelspitze mit, an der ein neuer Übungsklettersteig eingerichtet wurde.

Kleine Runde über die Westliche Karwendelspitze: Von der Bergstation der Karwendelbahn wandern wir auf breitem Weg zur Karwendelgrube und folgen in einem Rechtsbogen dem Weg zum Gipfelaufbau. Eine kleine Steiganlage leitet zum Gipfel der Westlichen Karwendelspitze (2384 m). Der neu angelegte kurze, aber ausgesetzte Klettersteig kann als erste Mutprobe für den weiteren Weg gelten.

Der Mittenwalder Klettersteig: Die Gratüberschreitung beginnt am südlichen Ende der Karwendelgrube, beim bayerisch-österreichischen Grenzstein. Erste Leitern und Eisenklammern müssen überwunden werden. In Kehren geht es hoch zur Nördlichen Linderspitze (2374 m). Wir bleiben vorwiegend auf der Grathöhe, überschreiten im Auf und Ab die Südliche Linderspitze (2306 m), die Sulzleklammspitze (2323 m) und die Kirchlspitze (2302 m). Über schrofendurchsetzte Schafweiden wandern wir hinab zur leider nicht mehr bewirtschafteten kleinen Tiroler Hütte (2100 m). Von dort steigen wir in westlicher Richtung die Serpentinen hinab zur Brunnsteinhütte (1560 m).

Der westlichste Teil des Karwendelgebirges, über ihn verläuft der Mittenwalder Höhenweg. Im Vordergrund der Lautersee

Linke Seite: Lange Leiternpassage am Mittenwalder Klettersteig

Da die Überschreitung lang und anstrengend genug war, sollten wir vielleicht doch in der gemütlichen Brunnsteinhütte eine Nacht verbringen, bevor wir den weiteren Abstieg ins Tal unter die Füße nehmen. Am nächsten Tag wandern wir dann ausgeruht weiter über Serpentinen durch Hochwald abwärts, queren die Sulzleklamm und das Kar Lindlähne und folgen rechts ein Stück dem Leitersteig. Bald zweigt links der Weg durch Wald hinab nach Mittenwald ab. Wir queren die B 2 und wandern anschließend gemütlich in den schönen Geigenbauerort hinein, machen einen Rundgang, bewundern die prächtigen Lüftlmalereien und schauen im Geigenbaumuseum vorbei. Mit Bedauern machen wir uns dann doch in Richtung Bahnhof auf und lassen uns bequem zurück in Richtung Heimat transportieren.

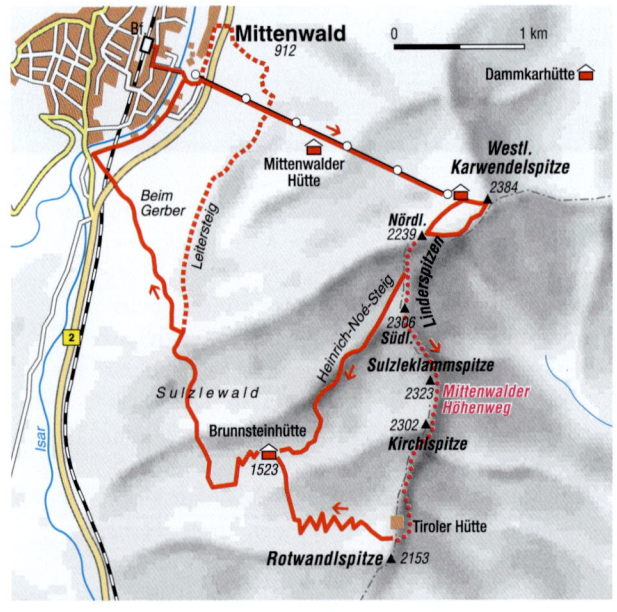

Variante über den Heinrich-Noé-Steig: Der Steig zwischen Karwendelbahn-Bergstation und Brunnsteinhütte führt am Mittenwalder Höhenweg rechts ab, quert die felsige Westseite der Linderspitzen und erreicht über den Sulzleanger, den Sulzlewald und die Obere Sulzleklamm die Brunnsteinhütte (1560 m). Dies falls die Wettersituation nicht optimal ist. Doch Achtung: Auch dieser Steig setzt Trittsicherheit und Schwindelfreiheit voraus. Man darf keinesfalls vom Mittenwalder Höhenweg nach der Abzweigung bei der Nördlichen Linderspitze direkt absteigen. Es besteht Lebensgefahr!

Unten: Die berühmten Lüftlmalereien finden sich an vielen Häusern in Mittenwald.

Lüftlmalereien in Mittenwald

Wer nach der langen Tour noch Energie hat, macht einen Spaziergang durch den alten Ortskern von Mittenwald. Besonders am Ober- und Untermarkt können wir die schönen Fassaden mit reizvollen »Lüftlmalereien« bewundern. Wer tagsüber Zeit hat, besucht das Geigenbaumuseum, das das seltene Kunsthandwerk des Geigenbaus dokumentiert.

32 Auf die Birkkarspitze

Runde über Westgrat und Brendelsteig

Schwer | 23 km | 1785/1785 Hm | 11 Std.

Tourencharakter: Zu Beginn Bergpfad, dann langer Talhatscher auf Forststraße zum Karwendelhaus. An der Birkkarspitze schottriges Gestein auf den Bändern am Westgrat. Bei Vereisung der Altschneereste Rutschgefahr; bei Nebel Orientierungsprobleme. Der Brendelsteig ist ausreichend mit Seilen gesichert. Bei vereisten Schneefeldern im Frühjahr und Herbst Teleskopstöcke und Grödeln erforderlich

Ausgangs-/Endpunkt: Bf. Scharnitz (964 m)

Höchste Punkte: Birkkarspitze (2749 m), Mittlere Ödkarspitze (2745 m)

Anfahrt: Mit der Bahn über Garmisch-Partenkirchen in Richtung Innsbruck bis Scharnitz (A). Vom Bahnhof weiter zu Fuß. Fahrzeit: ca. 2 Stunden

Einkehr: Karwendelhaus (1765 m, AV-Haus, Übernachtung)

Karte: TK 1:50 000 Karwendel (LDBV)

Informationen: www.karwendel.org

Eine Zweitagestour müssen wir einplanen, um ins Herz des Karwendels zu gelangen, denn dieser höchste Gipfel liegt sehr zentral und ist nur über Anstiege durch lange Täler zu erreichen. Station auf unserem Weg dorthin ist das Karwendelhaus, in dem wir eine Übernachtung einplanen.

Vom Bahnhof in Scharnitz wandern wir vor zum Ort, queren aber nicht die Isar, sondern biegen vor der Brücke links zum Ortsteil Inrain ab und folgen den Markierungen des E 4a (sowie der Mark.-Nr. 201) auf Pfad hinüber zum Pürzlgries und auf breiterem Wanderweg hinauf zur Pürzlkapelle. Der erste Anstieg ist geschafft und nun geht es nahezu eben auf einem schönen Fußweg ins Karwendeltal hinein. Bald treffen wir auf den breiten Forstweg, der uns nun durch das lange Karwendeltal hinauf zum Karwendelhaus leitet. Unterwegs gibt es leider keine Einkehr mehr, da die Larchetalm abgerissen wurde. Also genug Wasser und etwas Proviant mitnehmen!

Gleich hinter dem Karwendelhaus setzt der Steig an, der über eine drahtseilgesicherte Stufe hinauf ins schier endlose Schlauchkar führt. Fast waagrecht leitet der Steig unter dem Hochalmkreuz vorbei. Bei den nächsten Wegabzweigungen halten wir uns geradeaus, um am linken Karrand in anstrengenden Serpentinen hochzusteigen. In südwestlicher Richtung führt unsere Route hinauf zum Schlauchkarsattel (2635 m); die letzte Passage verläuft über einen steilen Hang. 50 Meter links vom Schlauchkarsattel befindet sich die kleine Birkkarhütte, die bei schlechtem Wetter

Das Karwendelhaus ist der einzige Stützpunkt und die einzige Einkehrstelle auf unserer langen Tour.

Unterschlupf bietet. Der Anstieg auf die Birkkarspitze erfolgt über den gebänderten und schottrigen Westgrat. Die Drahtseilsicherungen beginnen am Felsaufschwung. Zunächst etwas unterhalb des Grats, dann durch die plattige Südwestflanke zum Gipfel (2749 m).

Nach ausgiebiger Rundumschau steigen wir zurück zum Schlauchkarsattel und folgen in westlicher Richtung dem markierten Steig über die Ödkarspitzen. Zunächst auf dem ansteigenden Grat hinauf auf die Östliche Ödkarspitze (2739 m), dann über den Mittelgipfel (2743 m) zur Westlichen Ödkarspitze (2712 m), wobei eine drei Meter hohe Felsstufe überwunden werden muss. Der Abstieg auf dem gesicherten Brendelsteig erfolgt über das Marxenkar und den Ödkar-Westgrat, weiter über den Nordgrat, wobei

Porta Claudia

Scharnitz war früher ein gesicherter Grenzort zwischen Bayern und Tirol. Reste der Porta Claudia, der im Jahre 1813 geschleiften Festung, finden wir immer noch am Nordrand des Orts.

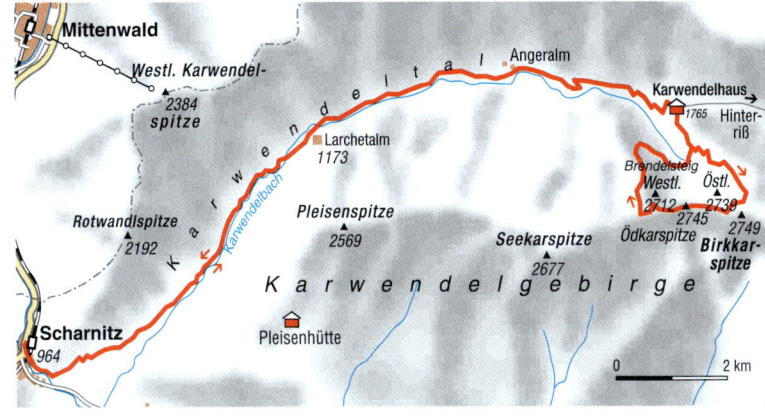

der Steig links des Grats verläuft. Nun steigen wir ostwärts hinab ins Schlauchkar und treffen dort auf den Aufstiegsweg. Auf diesem kehren wir dann zurück zum Karwendelhaus. Die Rückkehr nach Scharnitz erfolgt auf dem Anstiegsweg.

Der Grenzort Scharnitz mit der Arnspitzgruppe im Hintergrund. Hier starten wir unsere Wanderung ins Karwendeltal.

Blick über das Isartal bei
Lenggries auf das Brauneck

Isarwinkel und
Estergebirge

33 Auf den Geierstein

Runde über den stillen Hausberg der Lenggrieser

Mittel	11 km	815/815 Hm	4.30 Std.

Tourencharakter: Bis auf den Talbereich Bergwege und -steige, Trittsicherheit und an wenigen Stellen auch Schwindelfreiheit vorausgesetzt. Nahezu die gesamte Tour verläuft in angenehm schattigem Wald.

Ausgangs-/Endpunkt: Bf. Lenggries (679 m)

Höchster Punkt: Geierstein (1491 m)

Anfahrt: Von München mit der BOB über Holzkirchen zum Endbahnhof in Lenggries. Fahrzeit: ca. 1 Stunde.

Einkehr: Unterwegs keine; Gaststätten in Lenggries

Karte: TK 1:50000 Tölzer Land/Starnberger See (LDBV)

Informationen: www.lenggries.de

Der Geierstein – auf einigen Wegtafeln noch als Geigerstein ausgewiesen – gehört ganz sicher zu den stilleren Hausbergen der Lenggrieser. Aber er hat auch seine Pluspunkte: Bis auf die letzten Meter am Gipfel erfolgt der Aufstieg wie der Abstieg in angenehm schattigem Wald.

Wir starten unseren Aufstieg am Bahnhof in Lenggries und folgen zunächst der Karwendelstraße Richtung Süden, dann nehmen wir den Großherzogin-Anna-Weg nach Hohenburg. Am Fuß des Kalvarienbergs weisen uns Wegtafeln nach links zum Geierstein. Durch Wald nun hinüber zum Schlossweiher. Dort links ein Stück am Ufer entlang, bis wiederum links der ausgeschilderte Weg zum Geierstein abzweigt.

Zu Beginn noch breiter Weg durch Mischwald. Nach zehn Minuten mündet rechts ein Weg von Hohenburg ein. Dort links weiter zu einer Wegverzweigung. Die Wegtafel zeigt nach links: Wir steigen weiter durch Wald bergan und erreichen bald eine Kammhöhe. Nun auf diesem allmählich schmäler werdenden Kamm weiter. Über eine felsige Kuppe im Kamm, dann leicht abwärts zu einer Lichtung. Weiter oben treffen wir auf einen schönen Aussichtspunkt mit Sitzgelegenheit. Die bald folgenden Gipfelfelsen umgehen wir rechts und gelangen über schrofige Passagen durch Wald und Latschen hinauf zum Gipfel des Geiersteins, den ein Kreuz schmückt. Am Gipfel folgen wir für den Abstieg den Wegtafeln in Richtung »Lenggries/Fockenstein«. Zunächst auf

dem felsigen Kamm weiter, dann in Serpentinen steil hinab über Bergwiesen zu einer Wegverzweigung. Links eben weiter auf Holzbohlen durch sumpfiges Gebiet und zu einer Lichtung. Rechts haltend über diese hinweg, leicht fallend durch schönen Fichten-bestand, dann in Serpentinen über zahllose Trep-pen hinab, bis wir auf einen Wildzaun treffen. Die-sen rechts entlang, dann hinab bis zum Waldrand. Rechts am Bach entlang weiter talwärts und zuletzt auf einem Wirtschaftsweg nach Lenggries.

Erst nahe dem Gipfel bieten sich reizvolle Blicke ins Tal hinab nach Lenggries.

Badespaß

In Lenggries gibt es ein schönes Freibad am südlichen Ortsrand. Das Hallenbad »IsarWelle« passieren wir am Rückweg vom Geierstein, am östlichen Ortsrand.

34 Lenggrieser Hütte und Seekarkreuz

Ganzjährig bewirtschaftete Alpenvereinshütte

Leicht	12 km	920/ 920 Hm	5 Std.

Tourencharakter: Zu Beginn breite Wirtschaftswege, dann schmale Bergsteige, der Abstecher zum Seekarkreuz ist nur mit gutem Schuhwerk anzuraten, da die gesamte Wegpassage lehmig ist. Der Sulzersteig ist streckenweise feucht.

Ausgangs-/Endpunkt: Bf. Lenggries (679 m)

Höchster Punkt: Seekarkreuz (1601 m)

Anfahrt: Mit der BOB über Holzkirchen nach Lenggries. Fahrzeit: ca. 1 Stunde. Vom Endbahnhof entweder weiter zu Fuß nach Hohenburg (20 Minuten) oder mit RVO-Bus. RÜCKFAHRT: Von Hohenburg evtl. mit RVO-Bus nach Lenggries, dann Rückfahrt mit der BOB im Stundentakt

Einkehr: Lenggrieser Hütte (1338 m, AV-Hütte, Übernachtung)

Karte: TK 1:50000 Tölzer Land/Starnberger See (LDBV)

Informationen: www.lenggries.de

Die westlichen Ausläufer der Tegernseer Berge haben keine spektakulären Erhebungen; sie sind meist stark bewaldet und bieten nur im oberen Bereich gute Aussichtsmöglichkeiten. Das Seekarkreuz hat diesen Vorzug aufzuweisen. Einkehren können wir in der ganzjährig bewirtschafteten Lenggrieser Hütte.

Vom Bahnhof in Lenggries folgen wir der Karwendelstraße in Richtung Süden, dann dem Großherzogin-Anna-Weg nach Hohenburg. Dort halten wir uns links und nehmen die asphaltierte Straße Richtung Hirschtalsattel. Der daran anschließende unbefestigte Wirtschaftsweg führt uns durch Wiesen, bis wir nach 20 Minuten den Wald erreichen und bald auf den Hirschbach stoßen. Nach Querung von zwei kleinen Brücken treffen wir auf eine dritte, vor der rechts der Sulzersteig abzweigt (Mark.-Nr. 612). Ihm folgen wir nun steil aufwärts durch Wald, wobei wir immer auf der rechten Seite des hier herabfließenden Bachs bleiben. Nach etwa zwei Stunden stoßen wir auf eine Almwiese. Hier leitet uns ein Almfahrweg über die Seekaralm zur Lenggrieser Hütte.

Gipfelabstecher: Von der Hütte nehmen wir den Richtung Osten führenden Weg, der sich bereits nach wenigen Metern verzweigt. Vorbei an der Jubiläumshütte geht es durch dichten Wald auf lehmigem Steig hinauf zu den freien Gipfelmähdern. In leichtem Linksbogen über den grasbewachsenen Kamm wandern wir zum Gipfel.

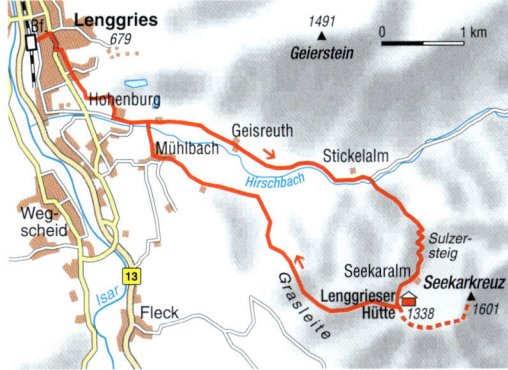

Für den Talabstieg wählen wir nun eine neue Route: Kurz vor der Hütte beginnt links ein gut angelegter, steiler Steig, der uns auf der Südseite des Graslei- tenkopfs durch Wald hinunter nach Leng- gries führt. Bei der Wegverzweigung, auf die wir nach einer halben Stunde Geh- zeit treffen, halten wir uns rechts. Hinter dem Tradln-Anwesen treffen wir dann auf die asphaltierte Fahr- straße, der wir nach Hohenburg folgen.

Die Lenggrieser Hütte bietet zwar nur eine begrenzte Aus- sicht, ist aber das ganze Jahr über bewirtschaftet.

35 Blomberg und Zwiesel

Ein Voralpenklassiker

Leicht 8,5 km 130/650 Hm 2.30 Std.

Tourencharakter: Breite Bergwander- und Wirtschaftswege; der Abstieg zur Talstation ist im oberen Teil sehr steil. Im Gipfelbereich auch Bergpfade

Ausgangs-/Endpunkt: Talstation Blombergbahn (700 m)

Höchste Punkte: Blomberghaus (1203 m), Zwieselberg (1348 m)

Anfahrt: Mit der BOB über Holzkirchen nach Bad Tölz. Fahrzeit: ca. 1 Stunde. Von dort mit dem RVO-Bus zur Talstation der Blombergbahn

Bergbahn: Blombergbahn (ganzjähriger Betrieb) mit Sommerrodelbahn

Einkehr: Blomberghaus (1203 m, privat, Übernachtung, ganzjährig bewirtschaftete), Blombergtenne

Karte: TK 1:50 000 Tölzer Land/Starnberger See (LDBV)

Informationen: www.bad-toelz.de

Dieser bescheiden wirkende Doppelgipfel hat es in sich. An schönen Tagen stürmen manchmal Heerscharen hinauf zum höchsten Punkt, oder besser: lassen sich mit dem Sessellift hinauftragen. Von der Bergstation ist es dann nur mehr ein längerer Spaziergang bis zum hinteren Gipfel, dem Zwieselberg.

Von der Bergstation der Blombergbahn wandern wir rechts haltend auf einem breiten Forstweg durch Nadelwald im Auf und Ab hinüber zum bewirtschafteten Blomberghaus. Die Einkehr sparen wir uns besser für den Rückweg auf. Also dann links an diesem vorbei auf weiterhin breitem Weg in den sogenannten Sattel Kotlache zwischen Blomberg und Zwiesel. Links erkennen wir das Brauneck und den breiten Höhenzug der Benediktenwandgruppe.

Dort beginnt links ein Bergwanderweg, der uns über einen zunächst noch bewaldeten Kammrücken hinauf zum freien Gipfel des Zwiesels führt, wo uns schließlich ein schlichtes großes Kreuz und eine Sitzbank erwarten.

Wir kehren dann mit einem Schlenker über die Schnaiteralm (auch Speckeralm genannt; wenn wir Glück haben, ist sie vielleicht bewirtschaftet und wir können zu einer Brotzeit einkehren) zum Blomberghaus zurück. Wer den Trubel nicht so mag, ist vielleicht mit einer Brotzeit bei der Speckeralm besser bedient. Falls wir mit Kindern unterwegs sind, ist natürlich das Blomberghaus die bessere Wahl, denn dort gibt es eine Riesenschaukel.

Blick über die Sauersberger Almen auf den Zwiesel

Anschließend folgen wir dem Weg in Richtung Bergstation; dort, wo der Weg in den Wald eintritt, zweigt links unser Abstiegsweg ab. In steilen Kehren geht es auf breitem Weg zunächst hinab zur Mittelstation (wo wir uns einen Rodel mieten könnten, um die zweite Hälfte der Strecke auf rasante Art zu verkürzen) und weiter – nun weniger steil – hinab zur Talstation. In der Blombergtenne können wir dann den Tag ausklingen lassen – und diskutieren, wer die Strecke am rasantesten zurückgelegt hat.

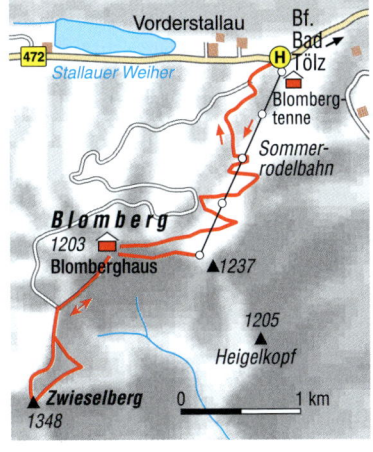

36 Am Brauneck

Abstiegsrunde mit zahlreichen
Einkehrmöglichkeiten

| Leicht | 8 km | 20/ 860 Hm | 3.30 Std. |

Tourencharakter: Breite
Wirtschaftswege, z. T.
auch steile Wander-
wege; der Übergang zur
Kotalm erfolgt teilweise
auf schmalem Steig.

Ausgangs-/Endpunkt: Talstation der Brauneckbahn
(700 m)

Höchster Punkt: Brauneck
(1555 m)

Anfahrt: Mit der BOB über
Holzkirchen nach Leng-
gries zum Endbahnhof.
Fahrzeit: ca. 1 Stunde.
Von dort entweder weiter
zu Fuß zur Talstation der
Brauneckbahn (25 Mi-
nuten) oder mit RVO-Bus
dorthin

Einkehr: Brauneck-Gipfelhaus (1540 m, AV-Haus,
ganzjährig bewirtschaf-
tet, im Sommer Mi Ruhe-
tag, Übernachtung). Töl-
zer Hütte, Quengeralm,
Strasseralm, Florianshütte
und Kotalm (Übernach-
tung) sind alle während
der Wandersaison bzw.
ganzjährig geöffnet

Karte: TK 1:50000 Tölzer
Land/Starnberger See
(LDBV)

Informationen:
www.lenggries.de

Knapp zehn Hütten und Almen versorgen den Bergwanderer am Brauneck mit Brotzeiten, und in einigen
können wir sogar übernachten. Beweis genug, dass
dieser Teil der Benediktenwandgruppe der belieb-
teste des Isarwinkels ist. Die Gondelbahn verlockt
uns dabei zum gemütlichen Wandern bergab.

Von der Bergstation der Brauneckbahn steigen wir
zuerst auf breitem Weg hinauf zum Brauneckhaus
und zum eigentlichen Gipfel knapp oberhalb. Von
dort gehen wir bequem Richtung Westen auf der
Kammhöhe, dann leicht hinab zur Umsetzstation,
kurz vor dem felsigen Schrödelstein. Von dort links
hinab, bis wir auf den von links kommenden Panoramaweg stoßen. Auf ihm weiter zur schön gelegenen
Tölzer Hütte und weiter zur Quengeralm und zur
Strasseralm, die alle zur Einkehr laden. Auf dem brei-

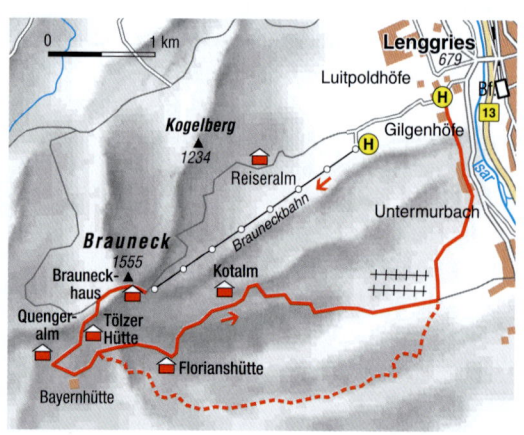

ten Fahrweg etwas steil hinunter zur geschlossenen Bayernhütte, wo wir bald den breiten Weg verlassen. An der ersten Kurve wenige Minuten unterhalb führt links ein schmaler Pfad hinüber zur Florianshütte. Vor der Hütte links steil den freien Hang hinauf, oben ein kurzes Stück nach links, dann jenseits der Kammhöhe auf schmalem Pfad hinab zur bereits sichtbaren Kotalm, die sich so richtig zur Rast anbietet. Vielleicht nutzt man solch eine Rast auch einmal, um sich Lenggries als ein Flößerdorf vorzustellen, zu Zeiten, als die Isar in dieser Gegend noch ein richtiger Fluss gewesen ist und kein trauriger Bach, dem alle Wildheit durch Kraftwerksnutzung und Speichersee genommen wurde. In einem Bericht von 1873 ist zu lesen: »Der wesentlichste Betrieb der Einwohner ist die Flößerei … manche halten in München an, andere fahren die Donau hinab bis Wien oder gar Ungarn.« Ob es bessere Zeiten waren? An einem Tag wie diesem möchte man es fast meinen.

Das Brauneck-Gipfelhaus ist ganzjährig bewirtschaftet und daher bei Wanderern wie auch Skifahrern ein beliebtes Alpenvereinshaus.

Von der Kotalm geht es dann auf dem steilen Almfahrweg durch Wald hinab bis zum Fuß der Skilifte. Dort links zunächst auf dem Wiesenweg, dann auf dem Fahrweg weiter zu den Weilern Untermurbach und Gilgenhöfe. An prächtigen Bauernhäusern vorbei schlendern wir auf schmaler Asphaltstraße zurück zur Talstation der Braneckbahn oder gehen gleich rechts zurück zum Bahnhof von Lenggries, falls wir nicht das Glück haben, zum richtigen Zeitpunkt an der Bushaltestelle zu sein. Denn so eine lange Abstiegswanderung geht schon auch ein bisschen auf die Knochen.

37 Benediktenwand

Großartiges Ziel mit langem Anlauf

Mittel	12 km	1180/ 1180 Hm	7 Std.

Tourencharakter: Leichte Bergwanderung bis zur Alpenvereinshütte. Die Gipfelrunde erfordert Trittsicherheit und Schwindelfreiheit; wer jedoch über die Westseite auf- und absteigt, muss diese Voraussetzungen nicht mitbringen.

Ausgangs-/Endpunkt: Bf. Benediktbeuern (617 m)

Höchste Punkte: Benediktenwand (1801 m)

Anfahrt: Mit der Deutschen Bahn von München über Tutzing (alternativ auch mit der S-Bahn dorthin) in Richtung Garmisch-Partenkirchen; in Tutzing umsteigen (Anschluss wenige Minuten später) in die Regionalbahn nach Kochel am See bis zum Haltepunkt Benediktbeuern. Fahrzeit (nur Bahn): ca. 1 Stunde. Dort weiter zu Fuß

Einkehr: Tutzinger Hütte (1327 m, AV-Hütte, Übernachtung)

Karte: TK 1:50 000 Tölzer Land/Starnberger See (LDBV)

Informationen: www.benediktbeuern.de

Die »Bene«-Wand ist ein klassischer Wanderberg der Münchner, doch keiner der zahlreichen Zustiegswege ist kurz. Wir müssen also viel Zeit mitbringen. Vorteil allerdings, wir können direkt vom Bahnhof loslaufen, wenngleich der eigentliche Bergwanderweg erst nach etwa einer halben Stunde erreicht wird.

Vom Bahnhof in Benediktbeuern wandern wir zunächst durch den beschaulichen Ort zur Kapelle Mariabrunn, wo der eigentliche Anstiegsweg zur Tutzinger Hütte beginnt. Auf gutem Wanderweg folgen wir dem Lainbach taleinwärts. An diesem wurde ein informativer Wildbach-Lehrpfad mit zahlreichen Stationen eingerichtet. Da wir interessiert sind, nehmen wir das Angebot natürlich an und informieren uns entsprechend.

Eine Weile später passieren wir die unbewirtschaftete Söldneralm, anschließend bewältigen wir ein steiles Wegstück. Bei der kleinen Materialseilbahnstation, welche die Alpenvereinshütte versorgt, beginnt dann ein serpentinenreicher Steig, der uns durch Wald zur Tutzinger Hütte bringt. Von dort führt ein Steig entweder rechts oder links um die Nordwand der Benediktenwand herum zum Gipfel, der durch ein schlichtes, aber großes Holzkreuz erkennbar ist. Falls es etwas windig sein sollte, gibt es wenige Meter unterhalb des Gipfels eine kleine, offene Unterstandshütte.

Die anspruchsvollere Variante der beiden Gipfelwege führt dabei über den Rotöhrsattel (drahtseilgesicherte

Die neue Tutzinger Hütte ist rundum nach ökologischen Kriterien erbaut und bewirtschaftet.

Stelle). Der Abstieg erfolgt auf dem Anstiegsweg, den Gipfelweg können wir dafür in Form einer Rundwanderung anlegen. Wir müssen jedoch Trittsicherheit und Schwindelfreiheit mitbringen. Der Steig ist nicht wirklich schwierig, doch eine kleine Warnung ist angebracht.

Falls wir früh gestartet sind, können wir nach der Tour noch am Kloster vorbeischauen und die prächtige Klosterkirche sowie den Innenhof bewundern. Wer es weniger kunstgeschichtlich mag, schaut vielleicht noch im Klosterstüberl vorbei, bevor er den Zug zurück nimmt.

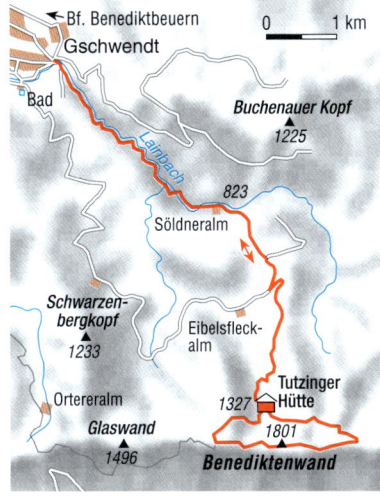

38 Jochberg und Jocheralm

Aussichtsgipfel zwischen zwei Voralpenseen

Leicht　9 km　750/750 Hm　4 Std.

Tourencharakter: Schmale, aber gute Steige. Der erste Teil des Anstiegs ist jedoch etwas steil.

Ausgangspunkt: Bushaltestelle Kesselberghöhe (850 m)

Endpunkt: Bushaltestelle Urfeld (802 m)

Höchster Punkt: Jochberg (1565 m)

Anfahrt: Mit der Deutschen Bahn von München über Tutzing (alternativ auch mit der S-Bahn dorthin; dort umsteigen in die Regionalbahn) nach Kochel am See. Fahrzeit: ca. 1 Stunde 10 Minuten. Von Kochel dann weiter mit dem RVO-Bus zur Kesselberghöhe

Einkehr: Jocheralm (1381 m, im Sommer einfach bewirtschaftet), Kiosk mit kleiner Terrasse in Sachenbach

Karte: TK 1:50000 Tölzer Land/Starnberger See (LDBV)

Informationen: www.kochel.de

Der Jochberg ist vor allem wegen seiner herrlichen Aussicht berühmt und beliebt. Am Gipfel sitzend, lässt sich ein weiter Alpenbogen überschauen: Bayerische Voralpen und Rofangebirge, Karwendel und Estergebirge, Stubaier Alpen und Wetterstein. Nicht minder reizvoll ist der Blick ins Tal.

Die Wanderung beginnt am Kesselberg, jener Passhöhe von 850 Metern, die den Kochelsee vom Walchensee scheidet. Ein paar Treppen führen ostwärts in den lichten Mischwald; auf einem schmalen Bergsteig gewinnt man in angenehmer Steigung allmählich an Höhe. Etwa eine Stunde lang führt der Weg in Serpentinen empor, bis man nach rechts schwenkend eine Schulter im westlichen Ausläufer des Jochbergs gewinnt.

Von nun an geht die Wanderung meist nahe an den schroffen Nordabbrüchen entlang. Das bietet reizvolle Aussichten, die freilich mit entsprechender Vorsicht genossen werden sollten. Bei einem Weidegatter verlässt man den Wald und tritt hinaus in die Wiesenhänge des Gipfelaufschwungs. Rechts zweigt ein Weg zur Jocheralm ab – später! Zuvor soll dem Jochberg ein Besuch abgestattet werden. Noch ist es eine Viertelstunde hinauf zum Kreuz, mit jedem Schritt werden die Ausblicke herrlicher, schließlich findet der Aufstieg nach etwa zwei Stunden in 1565 Meter Höhe sein Ende.

Am Anstiegsweg wandern wir dann zurück bis zum Waldrand und links hinab zur Jocheralm, wo man sich eine gute Brotzeit bestellen kann. Danach führt

ein fast ebener Weg westwärts zur Schulter des Jochbergs und von da am Anstiegsweg in vielen Serpentinen zurück zum Kesselberg.

Eine andere Möglichkeit ist es, von
der Jocheralm direkt nach Süden
zum Walchensee hinunterzuwan-
dern. Man hält sich zunächst auf
der Forststraße Richtung Jachenau,
bis rechts ein Steig abzweigt, der
in vielen Serpentinen durch Wald
hinunterführt zum Weiler Sachenbach. Am Ufer entlang geht es auf
gesperrtem Sträßchen hinaus nach
Urfeld, wo wir wieder in den Bus
einsteigen.

Blick über die Jocheralm und
den Walchensee hinweg auf
das Karwendel

39 Herzogstand und Heimgarten

Überschreitung vom Kesselberg nach Ohlstadt

● Schwer | 16 km | 950/1200 Hm | 6 Std.

Tourencharakter: Wirtschaftsweg bis zu den Herzogstandhäusern. Der Aufstieg zum Herzogstand ist leicht, der Übergang zum Heimgarten erfolgt auf einem teilweise gesicherten Steig, der Trittsicherheit und Schwindelfreiheit voraussetzt.

Ausgangspunkt: Kesselberghöhe (850 m)

Endpunkt: Bf. Ohlstadt (664 m)

Höchste Punkte: Herzogstand (1731 m), Heimgarten (1790 m)

Anfahrt: Mit der Deutschen Bahn von München über Tutzing nach Kochel am See. Fahrzeit: ca. 1 Stunde 10 Minuten. Von Kochel weiter mit dem RVO-Bus zur Kesselberghöhe. RÜCKFAHRT: Mit der Deutschen Bahn ab Ohlstadt

Einkehr: Herzogstandhäuser (1575 m) und Heimgartenhütte (1790 m, von Mai bis Oktober)

Karte: TK 1:50 000 Tölzer Land/Starnberger See (LDBV)

Informationen: www.kochel.de

Die Überschreitung Herzogstand–Heimgarten ist ein echter Klassiker unter den Voralpentouren. Rechts unter uns liegt der Kochelsee, hinter uns der Walchensee und vor uns ein luftiger Grat. Bei guten Bedingungen stellt er keine großen Anforderungen, aber aufpassen müssen wir schon.

Von der Bushaltestelle an der Kesselberghöhe führt uns zunächst rechts der ausgeschilderte breite, ehemals königliche Reitweg (Mark.-Nr. 441, E 4) durch Wald hinauf zum »Älple«. Dort halten wir uns links und wandern in steilen Kehren hinauf zur Schlehdorfer Alm, dann weiter in den weiten Almkessel zwischen Herzogstand und Fahrenberg und in einem weiten Links-rechts-Bogen hinauf zu den Herzogstandhäusern. Diese bestehen aus zwei Gebäuden, dem kleinen, ehemaligen Jagdhaus von König Max II. und dem Königshaus, das Ludwig II. im Jahre 1865 errichten ließ. Damals entstand auch der Reitweg von der Kesselberghöhe hinauf zu den königlichen Häusern. 1990 brannte das Herzogstandhaus nieder und wurde in den anschließenden Jahren komplett neu errichtet. Heute gilt es als eines der am stärksten frequentierten Ausflugsziele im Isarwinkel.

Von den Herzogstandhäusern leitet uns ein markierter Bergwanderweg (Mark.-Nr. 441, E 4) seitlich am Martinskopf vorbei, dann über zahlreiche Kehren durch dichte Latschenbestände hinauf zum aus-

sichtsreichen Vorgipfel (wenige Meter rechts vom Weg) und weiter zum Herzogstand (1731 m). Auf dem Gipfel steht ein hübscher Pavillon, der zu einer kleinen Verschnaufpause einlädt.

Vom Gipfel geht es ein kurzes Stück zurück, dann rechts vor zum Grat (immer gut ausgeschildert), dann – streckenweise ausgesetzt mit fantastischem Blick hinab auf den Kochelsee – im Auf und Ab hinüber zum Heimgarten (1790 m), der mit einem großen, aber schlichten Gipfelkreuz aus Holz aufwarten kann. Von dort sind es nur mehr wenige Meter zur etwas unterhalb gelegenen Heimgartenhütte. Die

Die Herzogstandshäuser über dem Walchensee. Im Hintergrund erhebt sich der Martinskopf.

Linke Seite: Der Pavillon auf dem Herzogstand. Wenn es dort oben windig ist, bietet er willkommenen Schutz.

Heimgartenhütte am Ende der Gratwanderung bietet »nur« Einkehr, ist aber eine willkommene Unterbrechung unserer langen Wanderung.

Von der Heimgartenhütte gehen wir nun seitlich am Gipfel vorbei und treffen bald auf einen Querweg, diesem folgen wir dann nach links bis zur nächsten Wegverzweigung. Hier nehmen wir den rechten Abzweig, steigen in steilen Serpentinen durch Latschen und Wald hinab und treffen auf einen Bach. An diesem entlang weiter zur Bärenfleckhütte. Wir folgen immer dem Steig talwärts und meiden dabei überwiegend die Forststraßen. Im unteren Teil folgt unser Weg vorwiegend der Kaltwasserlaine, die wir ein paarmal queren, und trifft dann im Tal auf einen Wanderparkplatz. Wir wandern in den Ort hinein, schauen uns etwas um und steuern dann den Bahnhof von Ohlstadt an, der sich etwas außerhalb am Ortsrand befindet.

Rundgang durch Ohlstadt

Das idyllische Gebirgsdorf hat einige reizvolle alte Bauernhäuser, ein Heimatmuseum, eine Käserei sowie eine barocke Pfarrkirche zu bieten. Überdies befindet sich dort heute noch das Atelier des Malers von Kaulbach, das Mittwoch und Samstagnachmittag besucht werden kann.

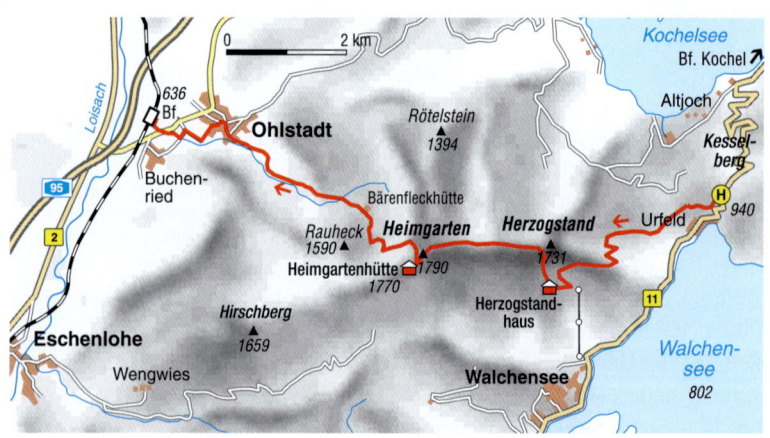

Auf dem Gipfel des Herzog-
stands. Beliebter als Rastplatz ist
natürlich der nicht weit davon
entfernte Pavillon.

40

Über das Estergebirge

Zum höchsten Unterkunftshaus
in den Voralpen

Mittel | 22 km | 1450/ 1350 Hm | 8.30 Std.

Tourencharakter: Wirtschaftswege, Bergwanderwege und Bergsteige

Ausgangspunkt: Bf. Eschenlohe (636 m)

Endpunkt: Talstation der Wankbahn (740 m)

Höchste Punkte: Weilheimer Hütte (1946 m); Krottenkopf (2086 m)

Anfahrt: Mit dem Werdenfels-Takt in Richtung Garmisch-Partenkirchen bis Bahnhof Eschenlohe. Fahrzeit: ca. 2 Stunden. Vom Bahnhof weiter zu Fuß. RÜCKFAHRT: Von der Talstation der Wankbahn mit Bus zum Bahnhof in Garmisch-Partenkirchen

Einkehr: Weilheimer Hütte (1946 m, AV-Haus, Übernachtung), Wankhaus (1780 m, AV-Haus, Übernachtung), Esterbergalm (1264 m, ganzjährig, Mi Ruhetag), Krüner Alm (1621 m, im Juli und August einfach bewirtschaftet)

Karte: TK 1:50 000 Werdenfelser Land/Ammergebirge (LDBV)

Informationen: www.eschenlohe.de

Wir wollen auf dieser Tour das gesamte Massiv von Norden nach Süden überqueren – von Bahnhof zu Bahnhof. Bleiben wir bei der vorgeschlagenen Route, können wir an der Esterbergalm noch mal die Entscheidung treffen, ob wir den Wank in unsere Tour einbinden wollen.

Am Bahnhof von Eschenlohe gehen wir geradeaus vor zur Murnauer Straße, halten uns dann auf dieser rechts und erreichen so den Dorfplatz. Dort gehen wir links über die Loisachbrücke, bei der zweiten Wegkreuzung rechts in die Krottenkopfstraße und erreichen dann durch eine Wiese den Ortsteil Wengen. Dort folgen wir der breiten Forststraße nach Osten – hoch über der Eschenlaine – bis zum Brandeck und ändern dann die Richtung nach Süden. Bald zweigt rechts ein Weg ab (Ausschilderung »Krottenkopf«),

der uns nun durch lichten Hochwald zum »Brünnl« und zum Jagdhaus Pustertal (1325 m) führt. Diese Passage ist an ausgesetzten Stellen mit Drahtseilen gesichert. Weiter nun durch lichten Wald, dann durch Latschen in das Kistenkar und über Geröll hinauf zum Gatterl, einem Sattel zwischen Hoher Kisten und Platteneck, wo wir auf den Walchenseer Steig treffen.

Nun rechts auf gutem Steig – seitlich an der Hohen Kisten, am Archtalkopf und am Schindlerskopf vorbei – über das abgeflachte Plateau zur Weilheimer Hütte. Diese Hütte des Deutschen Alpenvereins ist

Blick über die Weilheimer Hütte auf die höchste Erhebung des Estergebirges: den Krottenkopf

Linke Seite: Von der Terrasse des Wankhauses hat man einen großartigen Blick auf Karwendel und Wettersteingebirge.

in diesem ruhigen Vorgebirge der Dreh- und Angel-
punkt der meisten Touren. Zudem kann sie mit einem
kleinen Superlativ aufwarten: Sie ist die höchstgele-
gene Unterkunftshütte in den Bayerischen Voralpen.
Bis vor Kurzem war sie auch das einzige Unterkunftshaus in diesem Minigebirge. Da die Anstiege auf den
Krottenkopf – Hauptgipfel des Estergebirges – wahrlich lang sind, empfiehlt sich natürlich eine Übernachtung. Und da der Hüttengipfel der Weilheimer
Hütte nur einen Katzensprung entfernt liegt, hängen
wir ihn noch dran und können dann befriedigt das
Abendessen auf der Alpenvereinshütte genießen.
Von der Weilheimer Hütte folgen wir am nächsten
Tag links haltend dem Bergwanderweg, der seitlich
durch den Westhang des Krottenkopfs in Richtung
Esterbergalm führt. Der Weg verzweigt sich bald,
wobei wir besser den linken Ast nehmen (beide
Wege treffen sich unterhalb wieder). Wir steigen

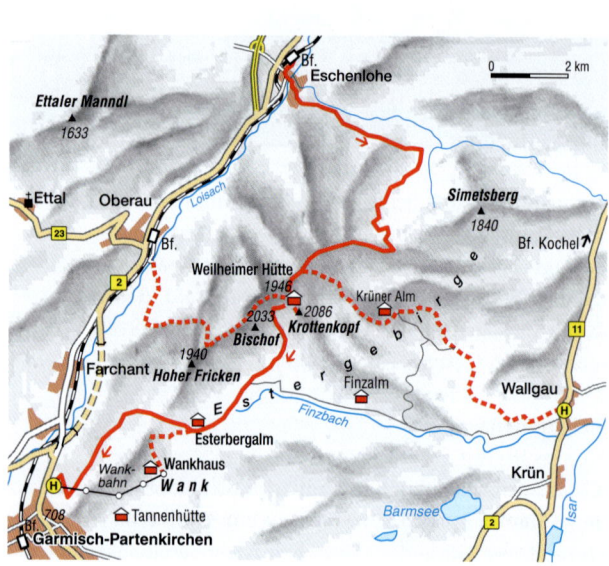

über die freien Hänge hinab und treffen bei der Waldgrenze auf einen Wirtschaftsweg. Diesem folgen wir nun weiter talwärts durch die bewaldeten Osthänge des Bischofs. Bei einer Wegverzweigung halten wir uns rechts und erreichen so die Hintere Esterbergalm.

Nun geht es nahezu eben weiter zur bewirtschafteten Esterbergalm, die in einem weiten Hochtal liegt. Hier können wir uns entscheiden, ob wir den Wank in die Tour einbinden wollen. Zum einen bietet er mit dem Wankhaus eine weitere Übernachtungsmöglichkeit, zum anderen können wir von dort oben bequem mit der Wankbahn zu Tal schweben. Falls nicht, leitet uns von der Esterbergalm ein breiter, ausgeschilderter, aber gesperrter Fahrweg über die Daxkapelle hinab nach Garmisch-Partenkirchen.

Das auffällige und auch schöne Gipfelkreuz auf dem Wank

Abstiegsvarianten: Vom Weilheimer Haus können wir entweder über den beliebten, aber steilen Oberauer Steig nach Oberau hinabwandern (2 Std.), wo wir einen direkten Bahnanschluss haben, oder wir wandern auf dem Krüner Steig hinab nach Wallgau (3 Stunden 45 Minuten), wo uns ein RVO-Bus nach Kochel am See bringt. Dort haben wir ebenfalls einen Bahnanschluss.

41 Wank und Gschwandtnerbauer

Großartiges Panorama und beliebte Einkehr

Mittel | 13 km | 170/1210 Hm | 4.15 Std.

Tourencharakter: Leichte Wanderung auf Bergsteigen und Bergwanderwegen; Trittsicherheit jedoch erforderlich

Ausgangs-/Endpunkt: Talstation der Wankbahn (740 m)

Höchster Punkt: Wank (1780 m)

Anfahrt: Anfahrt mit dem Werdenfels-Takt der Deutschen Bahn nach Garmisch-Partenkirchen. Vom Bahnhof weiter mit dem Ortsbus zur Talstation der Wankbahn

Einkehr: Wankhaus (AV-Haus, Übernachtung); Gschwandtnerbauer (Mo Ruhetag) und Tannenhütte (jeweils ganzjährig bewirtschaftet, Mo Ruhetag); Esterbergalm (Mi Ruhetag)

Karte: TK 1:50 000 Werdenfelser Land/Ammergebirge (LDBV)

Informationen: www.garmisch-partenkirchen.de

Der Wank ist der Aussichtsberg der Garmisch-Partenkirchner. Mit den kleinen Gondeln der Wankbahn ist sein Gipfel schnell zu erreichen, und vor uns liegt dann ein großartiges Rundumpanorama: Estergebirge, Karwendel, Wetterstein und Ammergauer Alpen erstrecken sich direkt vor unseren Füßen.

Die Kleinkabinenbahn bringt uns bequem hinauf zum Wankgipfel. Und wenn wir uns etwas Zeit nehmen und auf dem Wankhaus übernachten, dann können wir mit ein bisschen Glück einen herrlichen Sonnenunter- und -aufgang erleben. Vom Wankhaus – wenige Höhenmeter oberhalb der Bergstation – folgen wir zunächst dem in nordwestlicher Richtung zum Ameisberg führenden Gipfelweg (Mark.-Nr. 413). Seitlich an diesem Untergipfel vorbei und über die Hangkante durch Latschen in zahlreichen Serpentinen hinab zu den Böden der Esterbergalm. Im unteren Teil biegt der Weg nach Osten, trifft auf den Wirtschaftsweg, der von Garmisch heraufführt, und bringt uns rechts haltend zur bewirtschafteten Alm. Unser Weiterweg beginnt direkt bei der Kapelle daneben und führt über Bergwiesen in südlicher Richtung zum Waldrand, dann zwischen Wank und Rotenkopf weiter zum höchsten Punkt des Bergeinschnitts. Jenseits durch den Häuslgraben hinab, bei den nächsten zwei Wegverzweigungen jeweils rechts und hinab zum Gschwandtnerbauern. Nach der Einkehr gehen wir ein Stück des Wegs zurück und folgen dann dem linken Abzweiger durch

Der Gschwandtnerbauer ist eine beliebte Einkehr, die man auch nach einer kleinen Wanderung von Garmisch-Partenkirchen aus erreicht.

Wald hinauf zum Steinbühel. Wir orientieren uns dabei an den Wegweisern zur neuen Tannenhütte.

Wir treffen dann auf eine Forststraße, folgen ihr kurz, verlassen sie gleich wieder nach rechts und wandern in die Schalmerschlucht hinein. Im weiteren Verlauf gelangen wir zur Antoniuskapelle am Ortsrand von Partenkirchen. Über den Philosophenweg kehren wir dann zur Talstation der Wankbahn zurück. Oder wir können vor der Wankbahn, nachdem wir den Ortsrand von Partenkirchen berührt haben, direkt zum Bahnhof laufen.

Wetterstein und
Mieminger Kette

Das Garmischer Dreigestirn:
Alpspitze, Zugspitze
und Großer Waxenstein

42 Über den Schachen

Von Mittenwald nach Garmisch-Partenkirchen

Mittel	28 km	975/ 1160 Hm	9 Std.

Tourencharakter: Leichte Bergwanderwegen bzw. Wirtschaftswege zum Schachen. Der Abstieg ins Reintal ist steil und setzt Trittsicherheit voraus.

Ausgangspunkt: Bf. Mittenwald (905 m)

Endpunkt: Olympia-Skistadion in Garmisch (710 m)

Höchster Punkt: Schachenhaus (1866 m)

Anfahrt: Mit dem Werdenfels-Takt der Deutschen Bahn über Garmisch-Partenkirchen bis Mittenwald. Vom Bahnhof weiter zu Fuß

Einkehr: Gasthäuser am Lautersee und am Ferchensee, Wettersteinalm (1464 m, im Sommer bewirtschaftet), Schachenhaus (1866 m, privat, Übernachtung), Bockhütte (1052 m, im Sommer einfach bewirtschaftet)

Karte: TK 1:50 000 Blatt Werdenfelser Land/Ammergebirge (LDBV)

Informationen: www.mittenwald.de

Diese lange Streckenwanderung von Mittenwald nach Garmisch-Partenkirchen führt von Bahnhof zu Bahnhof und von einem Höhepunkt zum nächsten. Allein der Ausgangsort ist einen längeren Streifzug wert: Der historische Ortskern von Mittenwald ist reich an alten, freskengeschmückten Bürgerhäusern.

Vom Bahnhof Mittenwald gehen wir zunächst geradeaus in die Ortsmitte hinein – vielleicht haben wir genug Zeit eingeplant, um der berühmten Geigenbauerschule mit angeschlossenem Museum einen Besuch abzustatten – und folgen dann hinter der Pfarrkirche den zahlreichen Wegweisern und diversen Routen hinauf zum Lautersee; dies ist die erste größere Station auf unserer langen Streckenwanderung, die allein schon einen Ausflug rechtfertigen würde. Nun an der Badeanstalt und den Gasthäusern vorbei und dann rechts haltend auf dem Sandweg hoch zum Sträßchen, das weiter zum Ferchensee und nach Elmau führt. Wir folgen diesem vorbei am See, bis nach etwa einer Viertelstunde vom oberen Seeende links der Bannholzweg abzweigt. Auf diesem nun durch den Wettersteinwald hinüber zum Schachenweg, der von Elmau heraufführt. Bevor wir den Steilenberg angehen, haben wir noch die Möglichkeit, einen Schlenker nach links zur Wettersteinalm zu machen, die bereits mehrere Jahrhunderte alt ist. Im Sommer weiden dort oben bis zu 130 Stück Jungvieh. Nach dem Steilenberg verlassen wir den Wald und wandern in mäßiger Steigung Richtung Schachen-

schloss. Das Königshaus auf dem Schachen ist jedoch der eigentliche Höhepunkt: Es wurde im Jahre 1877 von König Ludwig II. als Jagdschloss errichtet. Eine Wanderung auf den Schachen bietet unvergessliche Eindrücke. Am Rande eines Steilabbruchs ins Reintal steht der Schachenpavillon, von dem sich fantastische Tiefblicke ergeben. Der Alpengarten neben dem Schachenschloss dürfte nicht nur für Botaniker ein Muss sein. Unser anschließender Abstieg ins Oberreintal und der Weiterweg durchs Reintal beeindrucken uns durch ihre landschaftliche Großartigkeit.

Vom Schachenschloss folgen wir der Ausschilderung ins Reintal und gehen vor bis zur Geländekante am Aussichtspunkt, dann folgen wir dem steilen Steig über zahlreiche Serpentinen hinab ins Oberreintal. Dort halten wir uns rechts (links geht es hinauf zur Oberreintalhütte).

Im Talgrund angekommen, können wir links in wenigen Minuten die bewirtschaftete Bockhütte ansteuern. Ansonsten gehen wir auf dem nun breiten Wanderweg rechts weiter – etwas oberhalb der Partnach, die wir weiter unten nach links queren. Wir passieren die Hinterklamm, steigen ein kurzes Stück hoch über

Nach einem langen Anstieg haben wir endlich das Schachenschloss vor Augen. Ein Besuch seines Inneren ist gewissermaßen Pflicht. Wo in den bayerischen Alpen finden wir denn schon eine »Traumwelt aus Tausendundeiner Nacht« vor? Eigentlich sollte der Bau »nur« ein Jagdschloss von König Ludwig II. werden – dann ist er jedoch etwas üppiger ausgefallen.

der Schlucht an und erreichen so den Materiallagerplatz der Reintalangerhütte. Der weitere Abstieg durch das Reintal erfolgt nun auf breiten Forstwegen durch Wald (gut ausgeschildert). Bei den folgenden Wegverzweigungen halten wir uns jeweils rechts und gelangen nach etwa eineinhalb Stunden Gehzeit ab Erreichen des Reintals an die Brücke über den Ferchenbach. Hier queren wir links hinüber und folgen der Ausschilderung zur Partnachklamm.

Unser Weg folgt nun weiter der Partnach, bis dieser in den Klammweg mündet (den Eintritt für die Klamm zahlen wir am unteren Ausgang). Ein gut angelegter Steig leitet uns nun mittels Stegen, Brücken, Tunnels und gesicherten Wegabschnitten durch diese spektakuläre Schlucht. Auf gesperrtem Fahrweg dann hinaus zum Olympia-Skistadion. Von dort mit dem Bus zum Bahnhof.

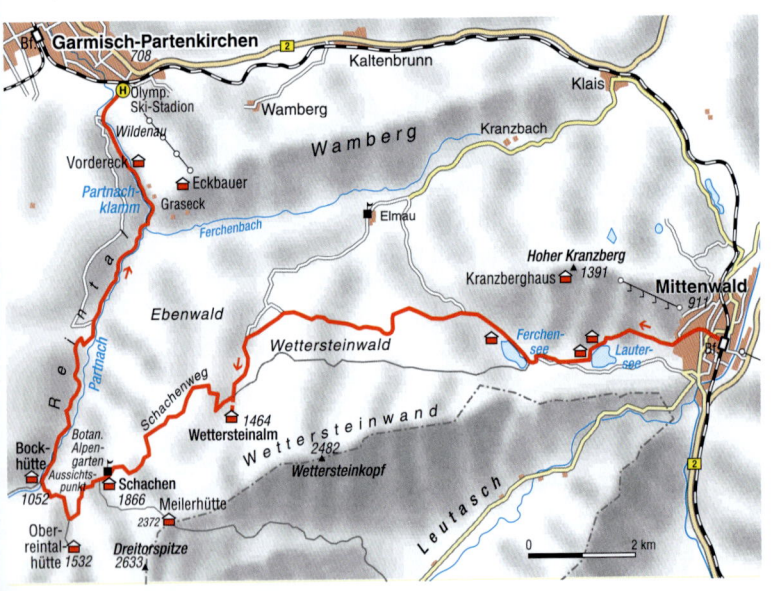

43 Eckbauer und Partnachklamm

Durch eine spektakuläre Felsenschlucht

Leicht | 12 km | 530/530 Hm | 4 Std.

Tourencharakter: Markierte und gut ausgebaute Wanderwege

Ausgangs-/Endpunkt: Olympia-Skistadion in Garmisch (710 m)

Höchster Punkt: Eckbauer (1237 m)

Anfahrt: Mit dem Werdenfels-Takt der Deutschen Bahn nach Garmisch-Partenkirchen. Vom Bahnhof weiter zu Fuß oder per Ortsbus zum Olympia-Skistadion

Einkehr: Berggasthaus Eckbauer, Gasthöfe am Vordergraseck, alle nahezu ganzjährig geöffnet. Gasthaus in Wamberg

Karte: TK 1:50 000 Blatt Werdenfelser Land/Ammergebirge (LDBV)

Informationen: www.garmisch-partenkirchen.de

Die Durchquerung der Partnachklamm stellt sicher etwas Besonderes dar. Sie ist so ganz anders als die üblichen Gipfeltouren – fast schon ein bisschen wie eine Höhlenbefahrung mutet sie an. An die relativ kurze Klammdurchquerung schließt sich eine kleine Bergwanderung der klassischen Art an.

Vom Olympia-Skistadion spazieren wir auf Fahrweg zuerst partnachaufwärts. Bald endet die Asphaltstraße, und wir wandern auf einem breiten Fußweg bis zum eigentlichen Klammeingang. Anstatt von oben auf die Berge hinabzuschauen, durchqueren wir nun das Innere des Gebirges, riechen das Gestein, das Moos und die Feuchtigkeit, hören das Tosen des Wassers, das nebenan durch die Enge schießt, und zucken zusammen, wenn wir einen Tropfen ins Genick bekommen. Schon sind die Talwände viel enger aneinandergerückt.

Nachdem wir unseren Eintrittsobolus entrichtet haben, dürfen wir uns in die Enge der Klamm zwängen. Der Weg ist in die Felswände gehauen; nur zwei, drei Personen haben nebeneinander Platz, und die Tunneldurchschlüpfe sind noch enger. 20, 30 Meter oberhalb sehen wir die Bäume und den Himmel durchschimmern. Der Weg ist auf ganzer Länge mit einem Geländer gesichert. Wir können uns also genug Zeit zum Schauen und zum Fotografieren nehmen, denn die Klamm ist nicht sehr lang. In einer halben Stunde haben wir sie leicht durchwandert. Am Südende treten wir am Zusammenfluss der Partnach und des Ferchenbaches wieder in die Sonne hinaus.

Hier beginnt der »normale« Teil unserer Wanderung, der uns über das Vordergraseck mit seinen Einkehrmöglichkeiten hinauf zum Aussichtspunkt Eckbauer führt.

Vom Berggasthaus Eckbauer nehmen wir nun den ausgeschilderten Weg – vorbei an der Bergstation der Eckbauerbahn – zum Dörfchen Wamberg mit seinem hübschen Kircherl. Von dort führt ein Fahrweg hinab zu Olympia-Skistadion.

Die Kaiserschmarrnalm in Vordergraseck – doch keine Sorge: Wer nichts Süßes will, findet auch »Saures«.

Badespaß

Nachdem bei der Durchwanderung der Partnachklamm lediglich unser Kopf ein paar Tropfen abbekommen hat, stürzen wir uns ins nahegelegene Kainzenbad oder entspannen beim Rudern und Baden am schön gelegenen Rießersee (Wettersteinkulisse). Hier wurde 1920 der SC Rießersee gegründet, der dem Eislauf und Eishockey zur Popularität verhalf.

44 Reintalangerhütte

Grüne Oase am Anstieg zur Zugspitze

Leicht | 17 km | 670/670 Hm | 9 Std.

Tourencharakter: Durch die Partnachklamm geht es auf gesichertem Steig, dann weiter auf Forststraßen und Bergwanderwegen. Leichte, aber lange Wanderung

Ausgangs-/Endpunkt: Olympia-Skistadion in Garmisch (710 m)

Höchster Punkt: Reintalangerhütte (1366 m)

Anfahrt: Mit dem Werdenfels-Takt der Deutschen Bahn nach Garmisch-Partenkirchen. Vom Bahnhof weiter zu Fuß oder per Ortsbus zum Olympia-Skistadion. Fahrzeit: ca. 1,5 Stunden

Einkehr: Reintalangerhütte (AV-Hütte, Übernachtung), Bockhütte (im Sommer bewirtschaftet), Gaststätten am Eingang in die Partnachklamm

Karte: TK 1:50 000 Werdenfelser Land/Ammergebirge (LDBV)

Informationen: www.garmisch-partenkirchen.de

Kein Gipfel und dennoch ein beliebtes Ziel, am einfachen, aber langen Anstiegsweg zur Zugspitze. Rund um die Reintalangerhütte ist es schön grün, das Bachbett der Partnach direkt vor der Tür wurde zum »Lido« umgewidmet. Die Übernachtungsgäste werden mit Livemusik geweckt. Wo gibt es das schon?

Vom Olympia-Skistadion folgen wir zunächst dem für den öffentlichen Verkehr gesperrten Fahrweg zur Partnachklamm (diese Strecke kann auch mit der Pferdekutsche zurückgelegt werden). Dann wandern wir durch die mit Tunneln und einem gut angelegten Steig versehene Partnachklamm (Gebühr). Bereits nach einer knappen halben Stunde haben wir das obere Ende erreicht und folgen dann einem breiten Wanderweg, der an der Partnach entlang zum Steg über den Ferchenbach führt.

Jenseits des Stegs verzweigen sich die Wege. Wir nehmen den breiten Forstweg nach rechts und wandern mit leichter Steigung weiter der Partnach folgend ins Reintal. Der Weg ist gut ausgeschildert. Wir entfernen uns dann von der Partnach und erreichen den Materiallagerplatz der Reintalangerhütte. Der Weg ist nun bedeutend schmäler und führt hoch über der Hinterklamm weiter ins Tal hinein. Wir queren bald wieder die Partnach und wandern auf schönem Waldweg hinauf zur neu erbauten Bockhütte, die zur Einkehr lädt.

Hier öffnet sich das Tal und zeigt die ersten Felsen des Reintals. Auf breitem Wanderweg geht es nun wei-

Die Reintalangerhütte
mit dem »Lido«

ter talein, vorbei an den »Quellen der Sieben Sprünge«. Zwischendurch versickert die Partnach und taucht erst wieder an der »Blauen Gumpe« auf. Bald überwinden wir mit ein paar Kehren eine Talstufe (links ein schöner Wasserfall) und erreichen dann nach einem letzten Waldstück die Reintalangerhütte. Dort genießen wir den restlichen Tag am sogenannten »Lido« an der Partnach. Und falls wir dort oben übernachten wollen, werden wir mit Livemusik geweckt. Wenn das keine Einladung ist!

45 Kreuzeck und Höllentalklamm

Abstieg über das Hupfleitenjoch

Mittel	10 km	170/1060 Hm	4 Std.

Tourencharakter: Bis zum Hupfleitenjoch unschwierig, aber der Abstieg ins Höllental erfordert Trittsicherheit und Schwindelfreiheit. Der Weg durch die Klamm ist leicht.

Ausgangspunkt: Talstation der Kreuzeckbahn (760 m)

Endpunkt: Hp. Hammersbach der Zugspitzbahn (760 m)

Höchster Punkt: Hupfleitenjoch (1754 m)

Anfahrt: Anfahrt mit dem Werdenfels-Takt der Deutschen Bahn nach Garmisch-Partenkirchen. Fahrzeit: ca. 1,5 Stunden. In Garmisch umsteigen in die Zugspitzbahn (Talbahnhof gleich nebenan) und weiter bis zur Talstation der Kreuzeckbahn

Einkehr: Kreuzeckhaus (AV-Haus, AV-Haus, Übernachtung), Höllentalangerhütte (AV-Haus, Übernachtung), Höllentaleingangshütte

Karte: TK 1:50 000 Blatt Werdenfelser Land/Ammergebirge (LDBV)

Informationen: www.garmisch-partenkirchen.de

Das Wettersteingebirge ist ein wildes Gebirge mit dominanten Felsbergen, langen gezackten Graten, einem Gletscher in der Nordflanke der Zugspitze und vielen Anstiegen, die jedes Bergsteigerherz höherschlagen lassen. So soll deshalb auch für diesen Tagesausflug ein »wilder« Weg vorgestellt werden.

Zunächst freilich geht alles ganz gemütlich los. In Garmisch-Partenkirchen setzten wir uns in die Gondelbahn und fahren hinauf zur Bergstation am Kreuzeck. Von dort sind es nur wenige Minuten zur gleichnamigen Alpenvereinshütte. Vor dem großartigen Zugspitzpanorama schlendern wir nun eine knappe Stunde hinüber zum Hupfleitenjoch, mit einem viertelstündigen Umweg zum 1818 Meter hohen Schwarzenkopf. Denn von hier hat man wirklich einen großartigen Blick ins Höllental, zu den Waxensteinen, die sich vis-à-vis erheben, und natürlich zur Zugspitze, mit knapp 3000 Metern Deutschlands höchstem Berg.

Vom Hupfleitenjoch geht es in vielen, teilweise drahtseilgesicherten Serpentinen hinab ins Höllental. Nach einer halben Stunde erreichen wir die Knappenhäuser, und wir bedauern, dass wir an dieser ehemals privat bewirtschafteten Hütte vorbeiwandern müssen. Allzu verlockend wäre es, in solch großartiger Landschaft ein Stündlein zu sitzen. Jedenfalls erinnert sie uns an den früher hier betriebenen Bergbau. Wie dem auch sei: Der hier vorgeschlagene Weg führt weiter bergab – und es gilt aufzupassen, denn der Steig ist schmal und etwas ausgesetzt.

Die Höllentalklamm

Dann erreichen wir die erst kürzlich neu erbaute Höllentalangerhütte, deren Architektur den Naturgewalten geschuldet ist, um stabil gegenüber Lawinenabgängen zu sein. Hier ist die letzte Station vor einem furiosen Schluss. Und natürlich kehren wir erstmal ein und genießen den freien Blick bergwärts in Richtung Zugspitze. Dann wandern wir talaus, erreichen die in den Fels gesprengten Tunnel und folgen nun der wildromantischen Höllentalklamm hinaus nach Hammersbach. Dort steigen wir wieder in die Zugspitzbahn und fahren bequem weiter nach Garmisch-Partenkirchen, wo wir endgültig die Heimreise antreten.

145

46 Über Zugspitzplatt und Gatterl

Abstiegsrunde am höchsten Berg Deutschlands

Mittel · **18 km** · **50/ 2050 Hm** · **6 Std.**

Tourencharakter: Der Abstieg zum Zugspitzplatt erfordert Trittsicherheit und Schwindelfreiheit (Klettersteigcharakter).

Ausgangspunkt: Bergstation der Tiroler Zugspitzbahn (2950 m)

Endpunkt: Bf. Ehrwald (964 m)

Höchste Punkte: Zugspitz-Aussichtsplattform (2962 m), Am Brand (2130 m)

Anfahrt: Mit der Werdenfelsbahn nach Garmisch-Partenkirchen. Fahrzeit: ca. 1,5 Stunden. Dort umsteigen in die Außerfernbahn (gleicher Bahnhof) in Richtung Reutte bis zum Hp. Ehrwald-Zugspitzbahn. Gesamtfahrzeit: ca. 2 Stunden

Zugspitzbahn: Nahezu ganzjährig in Betrieb

Einkehr: Münchner Haus (2964 m, AV-Haus), SonnAlpin (2600 m), Knorrhütte (2052 m, AV-Haus, Übernachtung), Hochfeldernalm und Ehrwalder Alm

Karte: TK 1:50 000 Werdenfelser Land (LDBV)

Informationen: www.zugspitzarena.com

Von der Zugspitze reicht die Aussicht bei schönem Wetter von den Schweizer Alpen bis zum Großglockner und zu den Dolomiten. Zudem gibt es eine Sonnenterrasse, Restaurants, eine Wetterstation und eine Alpenvereinshütte. Für die Wanderung bergab bietet sich die Runde übers Gatterl an.

Von der Bergstation führt ein markierter, aber ausgesetzter und mit Drahtseilen gesicherter Klettersteig über den Südwestgrat zum Schneefernerhaus hinab. Dort in direkter Linie hinab zum Platt. Oder von der Talstation der Gletscherbahn am Restaurant SonnAlpin rechts vorbei und auf Schotterweg zum Pfad, der links von der Zugspitze herabführt.

Dort rechts auf leichtem, ausgeschildertem Weg (bei Nebel Orientierungsprobleme; Eisenstangen als Markierung) am linken Rand durch die Moränenlandschaft des fast abgeschmolzenen Zugspitzgletschers, dann in Serpentinen durch grüne Matten hinab zur Knorrhütte.

Von der Hütte folgen wir rechts dem Plattsteig (Mark.-Nr. 816) beinahe eben durch Latschen zum Gatterl. Der Weg steigt noch mal an, überwindet dann eine felsige Passage (Seilsicherungen) und führt jenseits steil hinab und kurz hinauf ins Feldernjöchl (2045 m).

Bei der Wegverzweigung rechts hinauf zum Rücken »Am Brand«, dann hinab zur Hochfeldernalm und weiter zur Pestkapelle auf der Ehrwalder Alm. Rechts auf der Almstraße zur Bergstation der Ehrwalder-Alm-Bahn. Nun auf der Almstraße oder mit der

Gondelbahn hinab nach Ehrwald. Ein Ortsbus verbindet die Bergbahn schließlich mit dem Haltepunkt Ehrwald-Zugspitzbahn.

Am Abstiegsweg zur Knorrhütte

47 Coburger Hütte und Drachensee

In die Felsenwelt der Mieminger Berge

Leicht	7 km	415/415 Hm	4.30 Std.

Tourencharakter: Bis zum Seebensee bequeme Almstraße, dann guter Bergsteig

Ausgangs-/Endpunkt: Bf. Ehrwald (964 m)

Höchster Punkt: Coburger Hütte (1917 m)

Anfahrt: Mit der Werdenfelsbahn nach Garmisch-Partenkirchen. Fahrzeit: ca. 1,5 Stunden. In Garmisch umsteigen in die Außerfernbahn (im gleichen Bahnhof) in Richtung Reutte bis zum Haltepunkt Ehrwald-Zugspitzbahn. Gesamtfahrzeit: ca. 2 Stunden. Die Außerfernbahn wird von der Deutschen Bahn betrieben, daher gelten dort auch Bayern-Ticket und BahnCard. Busverbindung zur Talstation der Ehrwalder Almbahn (zu Fuß 45 Minuten).

Einkehr: Gasthäuser auf der Ehrwalder Alm, Seebenalm (1575 m, nur Einkehr), Coburger Hütte (1917 m, AV-Hütte, Übernachtung)

Karte: TK 1:50 000 Werdenfelser Land (LDBV)

Informationen: www.zugspitzarena.com

Was will ein Bergwanderer mehr? Eine gemütliche Hütte, einen blauen Bergsee, ein herrliches Panorama, Wald und Almwiesen und gute Wege: All das bietet die Tour zur Coburger Hütte. Etwas im Schatten der mächtigen Zugspitze gelegen hat sie zwar nicht den gleichen Zulauf – doch das ist uns nur recht.

Die Ehrwalder-Alm-Bahn verhilft uns zu einer guten Gelegenheit, erst einmal Höhe zu gewinnen (auf 1500 Meter). Dort wandern wir über Almwiesen talein und halten dann auf den rechts vor uns liegenden Bergrücken zu. Ein bequemer Almfahrweg bringt uns in mäßiger Steigung durch Wald zur be-

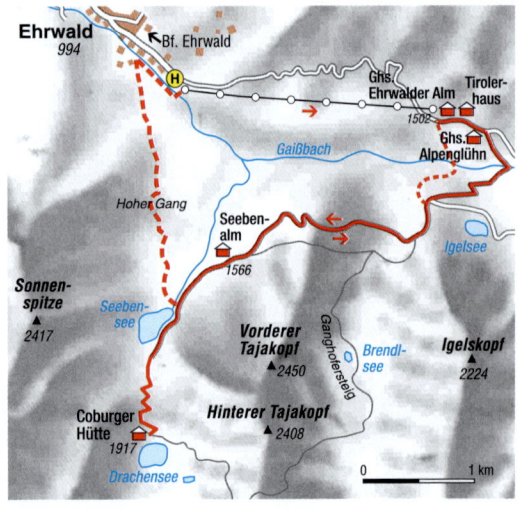

wirtschafteten Seebenalm und hinauf zum nahe gelegenen Seebensee. Dort halten wir inne und genießen den prächtigen Panoramablick auf die mächtigen Südabstürze des Wettersteingebirges.

Dann wandern wir links am See vorbei und auf dem nun schmalen Bergsteig steil hinauf durch einen mit Latschen bestandenen Hang zur Coburger Hütte über dem Drachensee. Der Abstieg erfolgt auf dem Anstiegsweg.

Abstiegsvariante: Falls wir trittsicher sind, versuchen wir uns an einer Variante, steigen nach dem Seebensee linker Hand kurz bergan und folgen dem Hohen Gang (einige Seilsicherungen) direkt hinab nach Ehrwald, wo wir allerdings unterhalb der Talstation der Bergbahn ankommen.

Blick über die Ehrwalder Alm auf die Ehrwalder Sonnenspitze

Blick über St. Coloman
auf Schloss Neuschwan-
stein und den Säuling

Ammergauer Alpen

48 Kramer

Gipfelrunde mit Blick auf die Zugspitze

| Mittel | 18 km | 1285/ 1285 Hm | 6.30 Std. |

Tourencharakter: Alpine Bergwanderwege und -steige. Steile Passagen, die in die Knochen gehen. Im Bereich des Kramergipfels viel Schotter, Trittsicherheit und Schwindelfreiheit erforderlich

Ausgangs-/Endpunkt: Bf. Garmisch-Partenkirchen (708)

Höchster Punkt: Kramer (1985 m)

Anfahrt: Mit der Werdenfelsbahn nach Garmisch-Partenkirchen. Fahrzeit: ca. 1,5 Stunden. Vom Bahnhof dann mit dem Ortsbus bis zur Wendeschleife unterhalb des Berggasthauses Almhütte. Den Kramerplateauweg können wir auch zu Fuß erreichen: vom Bahnhof über die St.-Martin-Straße, Klammstraße, Fürstenstraße zur Bayernhalle.

Einkehr: Stepbergalm (im Sommer bewirtschaftet), Berggasthaus Almhütte

Karte: TK 1:50 000 Werdenfelser Land (LDBV)

Informationen: www.garmisch-partenkirchen.de

Fährt man auf Garmisch-Partenkirchen zu, dominieren natürlich die beeindruckenden Gipfel des Wettersteingebirges. Der rechts liegende Kramer wird dabei erst einmal übersehen. Doch diese Runde bietet alles: ein großes Gipfelerlebnis und am Abstiegsweg eine bewirtschaftete Almwirtschaft.

Wir starten unsere Wanderung an der Bushaltestelle Äußere Maximilianstraße (Wendeschleife) und folgen entweder der Fahrstraße oder dem etwas oberhalb nach rechts abzweigenden Wanderweg durch den Wald hinauf zur Berggaststätte Almhütte. Direkt gegenüber steigen wir dann in den Kramerplateauweg ein und folgen diesem in nordöstlicher Richtung. Nach einer Viertelstunde zweigt links, bei einem auffälligen hölzernen Wegweiser, unser Weg zum Kramer ab. Wir folgen dem weiterhin breiten Wanderweg (Mark.-Nr. 255) in den Wald hinein und steigen über einige Kehren zum aussichtsreich gelegenen Berggasthaus St. Martin an. Der Kramersteig, auf dem wir uns nun befinden, windet sich weiter in Kehren durch Wald hinauf. Bald treffen wir auf eine ungewöhnliche Aussichtskanzel. Weiter geht es in Kehren bergan, bis unser Weg nun flach zum sogenannten Königsstand hinüberzieht. Dort müssen wir aufpassen, dass wir die Abzweigung nach links zum Kramergipfel nicht verpassen. Etwas mühsam steigen wir nun zum Ostgrat hoch und über diesen – die Nordflanke querend – zum Gipfel.

Der Abstieg zur Stepbergalm erfolgt dann in Richtung Westen auf einem guten Steig. Nach der Einkehr

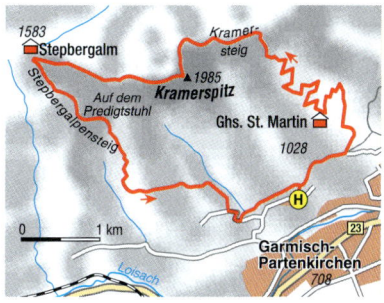

nehmen wir den Stepbergalpensteig (Mark.-Nr. 259) unter die Füße. Von der Alm steigen wir kurz über Bergwiesen an, bis rechts der markierte Steig abzweigt. Es geht bald in den Wald hinein, dann leicht fallend durch die Südwestflanke des Kramers. Der Steig fällt bald stark ab und windet sich in zahlreichen Serpentinen talwärts. Nach einer langen Linksquerung treffen wir auf einen Wirtschaftsweg, der uns zum Kramerplateauweg hinabbringt. Und bald ist rechts haltend auch unser Ausgangspunkt erreicht.

Die Stepbergalm auf der Westseite des Kramers. Hier muss man sich gut stärken, denn der Abstieg nach Garmisch-Partenkirchen wird steil.

49 Auf das Hörnle

Von Bad Kohlgrub nach Unterammergau

Leicht | 8 km | 160/720 Hm | 3–4 Std.

Tourencharakter: Leichte, gut ausgeschilderte Bergwanderwege

Ausgangs-/Endpunkt: Bf. Bad Kohlgrub (828 m)

Höchste Punkte: Hörnlehütte (1390 m), Hinteres Hörnle (1548 m)

Anfahrt: Von München mit der Deutschen Bahn nach Murnau; Fahrzeit: ca. 1 Stunde 10 Minuten. Dort umsteigen in die Regionalbahn nach Oberammergau und weiter bis zum Bahnhof Bad Kohlgrub. Weiter zu Fuß. RÜCKFAHRT: Von Bad Kohlgrub oder von Unterammergau

Bergbahn: Die Hörnle-Schwebebahn ist nahezu ganzjährig in Betrieb.

Einkehr: Hörnlehütte (1390 m, AV-Haus, Übernachtung nur nach Voranmeldung), Hörnlealm (1431 m, im Sommer einfach bewirtschaftet)

Karte: TK 1:50 000 Werdenfelser Land (LDBV)

Informationen: www.ammergauer-alpen.de

Das Hörnle ist ein Berg für Genusswanderer und Freunde schöner Aussichten. Die Fernsicht reicht von dort oben über den Staffelsee bis nach München. Gleitschirmflieger, Skifahrer, Rodler und Wanderer haben hier ein Ganzjahresdorado gefunden.

Abstieg nach Bad Kohlgrub: Von der Bergstation der Hörnlebahn (1380 m) sind es nur ein paar Minuten zur Hörnlehütte. Der Abstieg ins Tal (Sommerweg; Mark.-Nr. 18) beginnt auch dort. Auf einem schwach ausgeprägten Kamm hinab zur Bergwachthütte unterhalb, wo sich die Wege verzweigen (alternativ kann man links den etwas längeren, aber weniger steilen Winterweg einschlagen, der über das Sonneneck hinabführt). Rechts haltend in Serpentinen durch Wald hinab, über eine Wirtschaftsstraße, dann über die Trasse der Bergbahn und immer links haltend hinab zur Talstation der Hörnlebahn.

Abstieg nach Unterammergau: Vom Fahrweg auf der Westseite der Hörnlehütte zweigt bald links der ausgeschilderte markierte Wanderweg (»M« = Maximiliansweg, E 4, Mark.-Nr. 18 c) nach Unterammergau ab. Durch Wald hinab, über ein flacheres Kammstück zum freien Flecken der ehemaligen Aiblehütte. Bei der Wegverzweigung unterhalb links weiter ins bewaldete Tal der Kappellaine, wo wir auf einen Forstweg stoßen. Auf diesem – zweimal den Bach querend – talwärts zu einem Sträßchen, das nach Kappel führt. Nach der Wallfahrtskapelle führt links ein Wirtschaftssträßchen nach Unterammergau.

Runde über die Hörnlegipfel: Bei der Hörnlehütte halten wir uns links und wandern auf Almsträßchen in südöstlicher Richtung rechts am Vorderen Hörnle (1484 m) vorbei, das wir auch auf einem Wiesenpfad überschreiten können, und gelangen in den Sattel zwischen den beiden vorderen Hörnlegipfeln. Nun am Mittleren Hörnle (1496 m) links vorbei oder auf Pfad über dieses hinweg zur Hörnlealm. Dort folgen wir weiter dem Fahrweg, der direkt auf das Hintere Hörnle zusteuert, halten uns dann jedoch rechts und steigen über die freien Hänge hinauf zum Gipfel des Hinteren Hörnles (1548 m).

Linke Seite: Blick vom Vorderen Hörnle zur Hörnlehütte

Mit der Hörnlebahn eröffnet sich ein herrlicher Panoramablick auf das Alpenvorland.

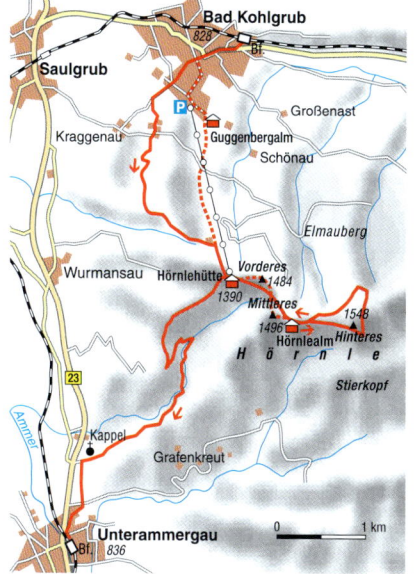

50 Notkarspitze

Gipfelüberschreitung hoch über Kloster Ettal

| Mittel | 11,5 km | 1000/1050 Hm | 5 Std. |

Tourencharakter: Gute Bergwege und -steige. Der Abstieg durch das Notkar erfordert Trittsicherheit.

Ausgangspunkt: Bushaltestelle Ettaler Sattel (897 m)

Endpunkt: Ettaler Mühle (840 m)

Höchster Punkt: Notkarspitze (1889 m)

Anfahrt: Mit der Werdenfelsbahn in Richtung Garmisch-Partenkirchen; aussteigen in Oberau, dort umsteigen in den RVO-Bus nach Oberammergau, bis zur Haltestelle Ettaler Sattel. Fahrzeit: ca. 1 Stunde 45 Minuten

Einkehr: Am Ende der Tour in der Ettaler Mühle

Karte: TK 1:50 000 Werdenfelser Land/Ammergebirge (LDBV)

Informationen: www.ammergauer-alpen.de

Die Notkarspitze ist neben dem Ettaler Manndl der zweite Hausberg der Ettaler. Die mehrgipfelige Überschreitung dieses Wald- und Latschenberges erfordert schon eine gewisse Kondition sowie Trittsicherheit. Unterwegs gibt es nicht mal Wasser. Die Einkehr in Ettal wird dafür umso genussvoller.

Von der Haltestelle am Ettaler Sattel wandern wir auf einer Forststraße zum Ostausläufer der Notkarspitze. Nach einer scharfen Kehre zweigt rechts ein Bergwanderweg ab, der uns nun steil auf den bewaldeten Ostkamm führt. Der Weg flacht dann jedoch vor dem Ochsensitz wieder ab. Über diesen bewaldeten Vorgipfel hinweg, dann weiter durch Latschengassen zum 200 Meter höher gelegenen Ziegelspitz. Der weitere Weg zur Notkarspitze verläuft dann auf bzw. neben dem Grat.

Abstieg: Vom Gipfel wenden wir uns rechts – zum Nordgrat hin – und über diesen hinab zu dessen Fuß. Dann weiter – nun ostwärts – durch das Notkar. Am unteren Rand folgen wir einem Steig, der uns über einen schrofendurchsetzten Rücken in zahlreichen Serpentinen hinab ins Tal führt. Vom Waldrand dann über die Wiese zur Ettaler Mühle, wo wir einkehren können. Von dort führt ein Weg quer durch die Wiesen zurück zum Ettaler Sattel, unserem Ausgangspunkt.

Variante: Von der Ortsmitte von Ettal (direkt gegenüber dem Klostereingang) führt ein Weg durch die

Wiesen bis zum Bergfuß der Notkarspitze. Von dort geht es in steilen Serpentinen hinauf zum Ochsensitz, wo wir auf den vom Ettaler Sattel heraufführenden Weg stoßen.

Das Kloster Ettal (oben der Klosterhof mit der imposanten Kirche) sowie der Tiefblick von der Notkarspitze (unten)

51 Kofel

Leichte Wanderung und exponierter Gipfelaufbau

Mittel 7 km 520/ 520 Hm 3.45 Std.

Tourencharakter: Überwiegend Bergwanderwege. Für den Gipfelabstecher sind jedoch Trittsicherheit und Schwindelfreiheit erforderlich (einige Seilsicherungen).

Ausgangs-/Endpunkt: Bf. Oberammergau (837 m)

Höchster Punkt: Kofel (1342 m)

Anfahrt: Von München mit der Deutschen Bahn nach Murnau. Dort umsteigen in die Regionalbahn nach Oberammergau. Fahrzeit: 1 Stunde 45 Minuten. Von dort zu Fuß zur Talstation der Kolbensesselbahn

Einkehr: Berggasthaus Kolbenalm (nahezu ganzjährig bewirtschaftet), Gasthäuser in Oberammergau

Karte: TK 1:50 000 Werdenfelser Land/Ammergebirge (LDBV)

Informationen: www.ammergauer-alpen.de

Mit seiner Höhe von »nur« 1342 Metern ist der Kofel zwar kein besonders hoher Berg, seine exponierte Lage und sein felsiger Gipfelaufbau machen ihn aber trotzdem zu etwas Besonderem. Sein Gipfel wirkt etwas abweisend, doch trittsichere Bergwanderer schaffen diesen Felszahn mit »links«.

Vom Bahnhof in Oberammergau folgen wir zunächst dem ausgeschilderten Weg durch den Ort – über die B 23 hinweg – zur Talstation der Kolbenlifte. Vom Parkplatz geht es dann kurz in Richtung Kolbenalm, bis links der »Grottenweg« abzweigt, dem wir nun folgen.

Wir wandern durch Wald unter den Felsen des Kofels entlang, hinüber zum Dottenbühl. Dort treffen wir auf einen Fahrweg, dem wir kurz rechts folgen; dann queren wir eine große Wiese nach rechts und gelangen so zum Beginn eines gut befestigten Serpentinenwegs.

Auf diesem Steig geht es nun hinauf zum Kofelsattel (mit Unterstandshüttchen). Dort halten wir rechts auf die Gipfelfelsen zu. Ein drahtseilgesicherter Steig leitet uns nun hinauf zu einer Scharte. Links des Gipfelgrats steigen wir dann hinauf zum Gipfel. Der Tiefblick auf Oberammergau von hier oben ist beeindruckend.

Anschließend kehren wir zum Kofelsattel zurück, halten uns dort rechts und wandern dann weiter auf dem Königssteig, der uns durch die Nordflanke des Brunnbergs führt. Bei einer Wegkreuzung treffen wir auf den Abstiegsweg zur Kolbenalm, dem wir bis hinab zum Parkplatz an der Talstation der Kolbenlifte folgen. Auf dem bereits bekannten Weg wandern wir zurück zum Bahnhof von Oberammergau.

Blick von Oberammergau auf den spitzen Kofel

Variante: Von der zuletzt erwähnten Wegkreuzung können wir geradeaus weiter zur Bergstation des Kolbensessellifts wandern und von dort bequem ins Tal hinabschweben.

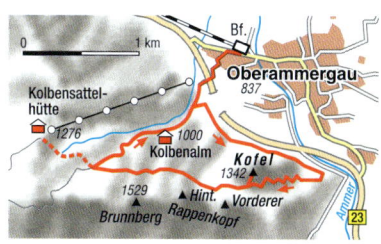

52 Zu den Pürschlinghäusern

Ganzjahresziel hoch über Oberammergau

| Leicht | 11 km | 1030/ 1030 Hm | 4 Std. |

Tourencharakter: Bei Nässe ist der Kofelsteig unangenehm; ein Stück auf Wirtschaftsweg. Der Teufelstättkopf setzt Trittsicherheit und Schindelfreiheit voraus.

Ausgangs-/Endpunkt: Bf. Oberammergau (837 m)

Höchste Punkte: Pürschlinghäuser (1564 m), Teufelstättkopf (1758 m)

Anfahrt: Von München mit der Deutschen Bahn nach Murnau; dort umsteigen in die Regionalbahn nach Oberammergau. Fahrzeit: 1 Stunde 45 Minuten; dann zu Fuß zur Talstation der Kolbensesselbahn

Einkehr: Kolbensattelhütte (1276 m, ganzjährig bewirtschaftet), Pürschlinghäuser (August-Schuster-Haus, 1566 m, AV-Haus, Übernachtung). Kolbenalm (1000 m, privat, Übernachtung, ganzjährig bewirtschaftet)

Karte: TK 1:50 000 Werdenfelser Land/Ammergebirge (LDBV)

Informationen: www. ammergauer-alpen.de

Südwestlich von Oberammergau erstreckt sich ein Höhenzug, der mit dem felsigen Hausberg, dem Kofel, beginnt und in der Klammspitze zu enden scheint. Dieser Bergzug, der als letztes ernstzunehmendes Bollwerk die Ammergauer Alpen nach Norden hin abschließt, ist einen Ausflug wert.

Vom Bahnhof in Oberammergau folgen wir der Ausschilderung zu den Kolbenliften. Bei der Talstation beginnt auch die Wanderung. Ein gut angelegter, stellenweise mit Stufen versehener Wanderweg führt an einem Bach entlang talein. Bald nimmt die Steigung zu, der Weg windet sich in mehreren Serpentinen durch Mischwald bergan. Schließlich begleitet er rechter Hand die Schlucht, in der die vom Brunnberg herabziehenden Bachläufe rauschen.

Bei einer Weggabelung hält man sich rechts. Von links mündet der Weg vom Kofel ein. Als Weg Nr. 233 führt unser Steig nun langsam ansteigend zur Kolbensattelhütte (bei der Bergstation des Sessellifts) und weiter auf dem bei Nässe unangenehmen Kofelsteig bis dorthin, wo die von Unterammergau heraufziehende Forststraße einmündet. Das letzte Stück zu den Pürschlinghäusern ist steil und weniger erfreulich; doch es entschädigen bald eine ausgiebige Hüttenrast und eine ergiebige Rundsicht. Der Weiterweg zum Teufelstättkopf ist von hier gut ausgeschildert und nicht zu verfehlen.

Für den Abstieg wählt man dann denselben Weg; vielleicht nutzt man dabei den Sessellift, um ein wenig Kraft zu sparen. Wer hingegen über ordentliche Bergerfahrung verfügt, der kann auch den Sonnenberg-grat überschreiten. Wenig unterhalb der Hütte zweigt rechts ein kleiner Steig von der Forststraße ab. Dieser Steig durchzieht steile Hänge, erlaubt einen etwas lehmigen Gipfelanstieg am Sonnenberg (1622 m) und erreicht die Felszacken, die als »Am Zahn« bezeichnet werden, bevor er in Kehren hinunterführt zum breiten Wanderweg nach Oberammergau.

Die Pürschlinghäuser liegen auf einem Gratausläufer, bieten aber trotzdem einen windfreien Logenplatz.

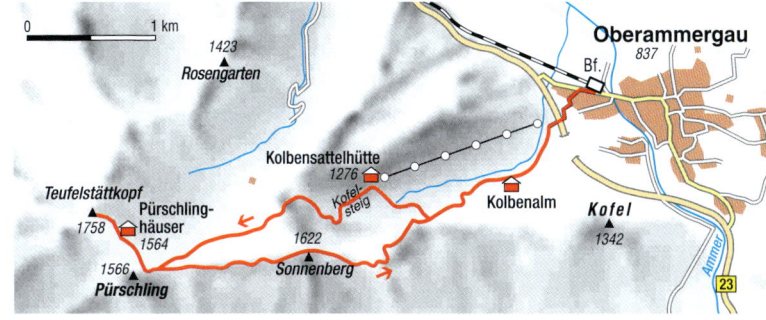

53 Auf das Ettaler Manndl

Runde um ein Wahrzeichen
der Ammergauer Alpen

| Leicht | 7 km | 50/800 Hm | 5.30 Std. |

Tourencharakter: Bis zum Gipfelaufschwung ist die Wanderung leicht, der Gipfelanstieg selbst ist durch eine Eisenkette gesichert, dabei aber sehr ausgesetzt. Dies erfordert aber Erfahrung im felsigen Gelände und sorgfältiges Gehen.

Ausgangs-/Endpunkt: Bf. Oberammergau (837 m)

Höchste Punkte: Laber (1690 m), Ettaler Manndl (1633 m)

Anfahrt: Von München mit der Deutschen Bahn nach Murnau; dort umsteigen in die Regionalbahn nach Oberammergau. Fahrzeit: 1 Stunde 45 Minuten. Von dort mit RVO-Bus zur Talstation der Laberbahn (zu Fuß etwa 40 Minuten)

Bergbahn: Laberbergbahn (ganzjährig in Betrieb)

Einkehr: Laber-Gipfelhaus (während des Betriebs der Bergbahn, schöne Terrasse), Soilaalm

Karte: TK 1:50 000 Werdenfelser Land/Ammergebirge (LDBV)

Informationen: www.ammergauer-alpen.de

Das Ettaler Manndl erhebt sich über Kloster Ettal und dem Passionsspielort Oberammergau. Aber keine Sorge – ein Kreuzweg ist die Wanderung nicht. Vielmehr ein Vergnügen für die, die auch am felsigen Gipfelaufschwung trittsicher sind. Zuerst geht es aber bequem per Bergbahn hinauf zum Laber.

In St. Gregor, dem östlichen Ortsteil Oberammergaus, nimmt der Ausflug seinen Anfang. Mit der Laberbergbahn kommen wir rasch in die stattliche Höhe von 1690 Metern. (Natürlich gibt es auch einen Fußweg hinauf.) Bei Bergstation und Gasthaus zweigt ein Weg nach Osten ab; in einer halben Stunde sind die Sicherungen am felsigen Gipfelaufschwung des Ettaler Manndls erreicht.

Ist die derart zu überwindende Höhe auch gering, so ist doch mit größter Achtsamkeit zu kraxeln: Wer hier nicht schwindelfrei, nicht trittsicher ist, der sollte auf den Gipfelanstieg besser verzichten. Beim Einstieg des Klettersteigs gehen wir auf dem Normalweg in nordwestlicher Richtung weiter, steigen hinab zum kleinen Soilesee, der reizvoll unter der Nordwestflanke des Manndls liegt. Vom See führt dann ein Steig wieder hinauf Richtung Laber, wo wir vor der Entscheidung stehen, ob wir auf gutem Steig nach Oberammergau hinablaufen oder ob wir einmal mehr die Seilbahn nehmen.

Zu empfehlen ist eine weitere Wandervariante: Vom Soilesee nordseitig auf breitem Weg – vorbei an der

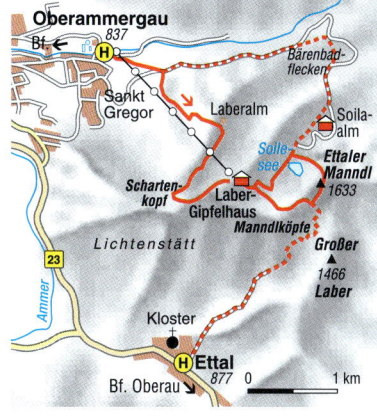

Soilaalm – in die Senke, die das Manndl vom Aufacker trennt, und hier westlich hinaus nach St. Gregor. Diese Strecke hat den Vorteil, dass wir bei der Soilaalm noch eine kleine Stärkung zu uns nehmen können.

Tiefblick vom Kofel auf den Bildschnitzerort Oberammergau

Und nach der Tour

Da steht natürlich die Besichtigung der nahen Ettaler Klosterkirche (Bus) auf dem Programm. Des Weiteren bietet sich ein Bummel in Oberammergau an: sehenswerte Lüftlmalereien (der berühmte Lüftlmaler Franz Zwinck lebte einst in Oberammergau) oder Schnitzereien in den zahlreichen Kunstgewerbeläden. Auch sehenswert sind das Passionsspielhaus sowie das Wellenbad mit Freibad und Liegewiese.

54

Upsspitze und Daniel

Auf die höchsten Gipfel der Ammergauer Alpen

Mittel	6 km	1350/1350 Hm	6.30 Std.

Tourencharakter: Steiler Bergsteig bis zu den beiden Gipfeln. Für den Übergang zum Daniel sind Trittsicherheit und Schwindelfreiheit erforderlich.

Ausgangs-/Endpunkt: Bf. Lermoos (995 m)

Höchste Punkte: Upsspitze (2332 m), Daniel (2340 m)

Anfahrt: Mit dem Werdenfels-Takt der Deutschen Bahn nach Garmisch-Partenkirchen. Fahrzeit: ca. 1,5 Stunden. In Garmisch umsteigen in die Außerfernbahn (im gleichen Bahnhof) in Richtung Reutte bis zum Haltepunkt Lermoos. Gesamtfahrzeit: ca. 2 Stunden. Die Außerfernbahn wird von der Deutschen Bahn betrieben, daher gelten dort auch Bayern-Ticket und BahnCard.

Einkehr: Tuftelalm (1485 m, im Sommer einfach bewirtschaftet)

Karte: TK 1:50 000 Werdenfelser Land/Ammergebirge (LDBV)

Informationen: www.zugspitzarena.com

Mancher wundert sich, dass dieser Gebirgszug zu den Ammergauern zählt, steht er doch etwas abseits im Tirolerischen. Außerdem stellt dieser Doppelgipfel in Sachen Höhe alle anderen in den Schatten. Im Norden und Osten bricht er mit steilen Wänden ab. Mit 1300 Metern überragt er das Ehrwalder Talbecken.

Am Bahnhof von Lermoos unterqueren wir links die Unterführung und steigen über Wiesen und anschließend durch Nadelwald auf markiertem Steig hinauf zur meist bewirtschafteten Tuftelalm. Oberhalb der Alm führt der Steig dann weiter durch Almwiesen und lichten Wald hinauf zum Südgrat des Doppelgipfels. Zuletzt queren wir ein schrofiges Fels- und Schuttgelände und erreichen so die dem Hauptgipfel vorgelagerte Upsspitze. Über den gut begehbaren Verbindungsgrat ist in einer weiteren Dreiviertelstunde der Daniel erreicht.

Das großartige Panorama, das wir hier oben genießen, wird natürlich zuerst einmal von den Felsfluchten der Zugspitze dominiert, die noch um einiges höher sind. Doch zusammen mit seinem Nachbargipfel, der Upsspitze, kann sich der Daniel gut in der

Das Ehrwalder Tal bei Lermoos

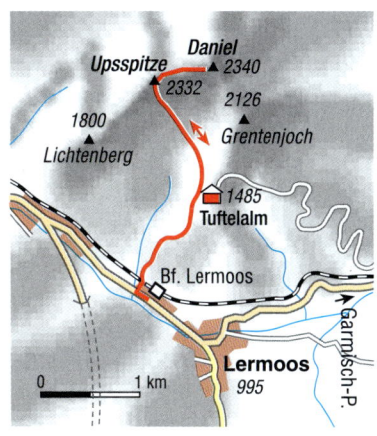

Auf dem Gipfel des Daniel, im Hintergrund die Zugspitze

Panoramarunde behaupten. Und von seinem Gipfel schaut man direkt auf die beeindruckende Westseite des Wettersteingebirges. Im Norden und Osten überblicken wir nahezu die gesamten Ammergauer Alpen, da sich dieses Gipfelpaar an deren südöstlichem Ende befindet. Wahrhaft eine stolze Tour hier herauf, doch die Anstiegshöhe sollten wir nicht unterschätzen. Und zur Sicherheit sollten wir auf alle Fälle genügend zum Trinken dabeihaben – und eine Brotzeit wäre auch nicht schlecht. Wer weiß, ob die Tuftelalm auch sicher geöffnet hat? Der Abstieg erfolgt auf dem Anstiegsweg.

55 Tegelberghaus und Branderschrofen

Schnelle Gipfelfreuden und leichter Abstieg

Mittel | 6,5 km | 170/1050 Hm | 3.45 Std.

Tourencharakter: Der Gipfelweg zum Branderschrofen ist ausgesetzt (einige Drahtseilsicherungen). Der Abstieg ins Tal: überwiegend breite Wege, streckenweise steil, aber ungefährlich

Ausgangspunkt: Bergstation der Tegelbergbahn (1720 m)

Endpunkt: Talstation der Tegelbergbahn (830 m)

Höchster Punkt: Branderschrofen (1880 m)

Anfahrt: Von München mit der Deutschen Bahn bis Buchloe, dort umsteigen in den Zug nach Füssen. Fahrzeit: 2,5 Stunden. RVA-Bus zur Talstation der Tegelbergbahn

Bergbahn: Tegelbergbahn (ganzjährig in Betrieb)

Einkehr: Tegelberghaus (1707 m, privat, ganzjährig bewirtschaftet, Übernachtung), Restaurant an der Bergstation mit Terrasse und Kiosk, Rohrkopfhütte (1359 m)

Karte: TK 1:50 000 Füssen (LDBV)

Informationen: www.schwangau.de

Der Tegelberg gibt seinen Namen einem ganzen Bergmassiv. Der höchste Gipfel allerdings – der Branderschrofen – trägt einen anderen Namen. Zudem gibt es eine Reihe kleinerer und größerer Erhebungen an diesem Massiv. Das ganze Areal ist Teil des Ammergebirges, seines Zeichens größtes Naturschutzgebiet in Bayern.

Seit dem Bau der Tegelbergbahn hat das Interesse an diesem Berg stark zugenommen. Vorher war es ein eher ruhiges Jagdrevier für die bayerische Königsfamilie. Das Tegelberghaus, gleich neben der Bergstation, war früher ein königliches Jagdhaus, in dem sich Ludwig II., der Märchenkönig, gerne aufhielt. An der Talstation lockt eine Sommerrodelbahn, daneben gibt es eine römische Ausgrabung. Dann ist da die steile Auffahrt mit der Tegelbergbahn, bei der nur eine einzige Stütze benötigt wird, um eine schräge Länge von 2146 Metern zu überwinden. Dort oben öffnet sich dann ein wahres Wanderparadies mit einigen Themenwanderwegen: so z. B. der Schutzengelweg oder der Ahornreitweg hinab in die Bleckenau, der als Naturlehrpfad gestaltet ist.

Von der Bergstation der Tegelbergbahn laufen wir die wenigen Meter zum Tegelberghaus. Von dort folgen wir – rechts an diesem vorbei – dem ausgeschilderten breiten Wanderweg auf den bereits über uns deutlich aufragenden Branderschrofen. Zunächst seitlich am Kamm entlang, dann bei der Wegverzweigung links über die grasigen Hänge hinauf zu der Schulter, die vom Branderschrofen herabzieht. Bei einem kleinen

Vorgipfel warnt uns eine Tafel: »Vorsicht – nur für Geübte«. Also Augen auf, denn hier beginnt der anspruchsvollere Teil des Gipfelwegs. Einige Seilsicherungen helfen auf dem nun schmalen Pfad, der hinauf zum Grat führt. Dann geht es über den letzten Gipfelaufschwung hinauf zum großen Gipfelkreuz. Der Blick reicht von hier oben bis zur Zugspitze, in die Lechtaler und Allgäuer Alpen und natürlich hinaus ins Alpenvorland, das direkt vor uns liegt.

Abstieg über Schutzengelweg und Rohrkopfhütte: Auf dieser Route bewegen wir uns auf dem Kulturpfad »Schutzengelweg«, der von der Bergstation

Das immer gut besuchte Tegelberghaus. Kein Wunder, führt doch auch eine Seilbahn herauf. Im Hintergrund der Branderschrofen

hinab zur Talstation führt. Er weist uns auf Wissenswertes aus der letzten Eiszeit sowie auf die Geologie und die Geschichte der Region hin. Vom Tegelberghaus gehen wir zunächst auf breitem Weg unter der Seilbahntrasse hindurch zur Wegverzweigung unterhalb, wo uns die Wegweiser »Ilgmösle« und »Drehhütte« weiterhelfen. Rechts haltend geht es auf gestuftem Wanderweg hinab in eine Mulde. Dann links haltend an zwei Lifthäuschen vorbei und in Serpentinen weiter zur bereits sichtbaren Rohrkopfhütte. Kurz vorher zweigt rechts der Weg zur Drehhütte ab. Von der Rohrkopfhütte dann links weiter auf einem schmalen Wirtschaftsweg, dem sogenannten »Schutzengelweg«, und durch Wald abwärts, seitlich am Rohrkopf vorbei. Der Fahrweg wird links haltend abgekürzt. Dann gelangen wir zu einer Lichtung und bald darauf zu einer Wegverzweigung direkt vor der Hornburg. Links weiter in einen großen Graben (Achtung: Rutschgefahr!) und in Serpentinen hinab zum Fahrweg. Auf diesem wandern wir dann gemächlich

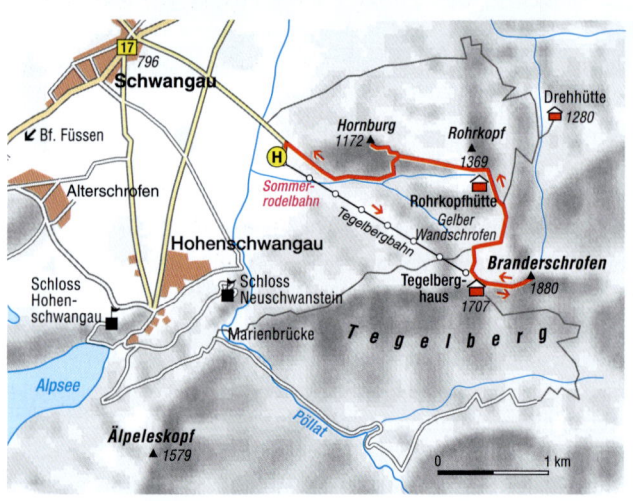

– zu Beginn am Rautbach entlang – hinab zur Talstation der Tegelbergbahn.

Abstecher zur Hornburg: Am Abstiegsweg über die Rohrkopfhütte haben wir die Gelegenheit, noch einen kleinen Gipfelabstecher einzulegen. 20 Minuten unterhalb der Rohrkopfhütte beginnt unser Anstiegsweg. Ein kleiner Wegweiser gibt die Richtung vor, dann folgen wir dem schmalen Pfad hinauf durch Fichtenwald bis zur 1172 Meter hohen Hornburg, die allerdings nur so heißt, eine Burg finden wir dort oben nicht vor, aber einen schönen Platz zum Rasten und einen freien Blick auf die Ostallgäuer Seenplatte. Nach Norden fällt dieser Gipfel steil ab, also Vorsicht!

56 Auf den Säuling

Stolzer Gipfel über den Königsschlössern

Mittel | 6,5 km | 1230/1230 Hm | 7 Std.

Tourencharakter: Im unteren Teil Forstwege und Bergwanderwege, im Gipfelbereich steile Steige (einige Seilsicherungen). Trittsicherheit und Schwindelfreiheit erforderlich

Ausgangs-/Endpunkt: Bushaltestelle Hohenschwangau (830 m)

Höchste Punkte: Säulinghaus (1720 m), Säuling (2039 m)

Anfahrt: Von München mit der Deutschen Bahn bis Buchloe, dort umsteigen in den Zug nach Füssen. Fahrzeit: 2,5 Stunden. Vom Bahnhofsplatz in Füssen fährt ein RVA-Bus nach Hohenschwangau.

Einkehr: Säulinghaus (TVN-Haus, Übernachtung), Gasthäuser in Hohenschwangau

Karte: TK 1:50 000 Füssen (LDBV)

Informationen: www.schwangau.de

Neben dem Tegelberg ist der Säuling der zweite Hausberg der Schwangauer. Und anders als der behäbig wirkende Nachbar fällt er trotz der Vielzahl der Ammergauer Berge sofort ins Auge. An ihn lehnt sich der 300 Meter niedrigere Pilgerschrofen an. Als Ausgangspunkt bietet sich Hohenschwangau an.

Von der Bushaltestelle am großen Parkplatz in Hohenschwangau folgen wir zunächst dem ausgeschilderten breiten Weg hinauf zum Schloss Neuschwanstein. Dahinter führt unser ausgeschilderter Weg die Pöllat entlang aufwärts – vorbei an einem Wasserfall – in Richtung Bleckenau. Bei der Weggabelung »Zur Jugend« folgen wir der Forststraße nach rechts.

Nach etwa 20 Minuten geht rechts ein schmälerer Fahrweg ab, der zum Älpele und ins Pilgerkar führt. Bei der Wildsulzhütte queren wir links die Nordflanke des Säulings und folgen dem Steig, der links hinauf zur Gamswiese leitet, von der wir eine fantastische Aussicht haben. Über diese steile Wiese gelangen wir schließlich hinauf zum Gipfelfelsen und weiter zum Gipfelkreuz.

Abstieg: Hier empfiehlt sich die Route über das Säulinghaus auf der Südseite des Gipfels. Von dort wandern wir unter den Wänden des Pilgerschrofens entlang, umrunden diesen Vorgipfel im Rechtsbogen und treffen dann bei der Wildsulzhütte wieder auf unseren Anstiegsweg. Und da wir in unseren Ausflug eine Übernachtung im Säulinghaus eingeplant haben, bleibt nach dem Abstieg schließlich noch genügend Zeit, einem der beiden Königsschlösser einen Besuch abzustatten.

Linke Seite: Tiefblick auf das Säulinghaus – ein Unterkunftshaus der »Naturfreunde«

Das schlichte, aber riesige Gipfelkreuz auf dem Säuling

Das Rubihorn ist einer der markantesten Gipfel der Allgäuer Alpen.

Allgäuer Alpen

57 Auf die Pfrontener Hochalpe

Zur Ostlerhütte und über den Aggenstein

Mittel | 10 km | 720/1000 Hm | 5.30 Std.

Tourencharakter: Zur Ostlerhütte Wirtschaftsweg bzw. breiter, im oberen Teil steiler Wanderweg. Die Runde über den Aggenstein erfordert Trittsicherheit und Schwindelfreiheit (Drahtseilsicherungen, Ketten).

Ausgangs-/Endpunkt: Bf. Pfronten-Steinach (850 m)

Höchster Punkt: Aggenstein (1978 m)

Anfahrt: Anfahrt mit dem Werdenfels-Takt der Deutschen Bahn nach Garmisch-Partenkirchen. Fahrzeit: ca. 1,5 Stunden. In Garmisch umsteigen in die Außerfernbahn (im gleichen Bahnhof) nach Pfronten-Steinach. Gesamtfahrzeit: ca. 2,5 Stunden

Bergbahn: Breitenbergbahn ganzjährig

Einkehr: Ostlerhütte, Hochalphütte, Allgäuer Berghaus, Bad Kissinger Hütte (1792 m, AV-Hütte, Übernachtung)

Karte: TK 1:50 000 Füssen (LDBV)

Informationen: www.pfronten.de

Die Breitenbergbahn erschließt das Wandergebiet um die Pfrontener Hochalpe. Von dort ist es nur ein kurzer Spaziergang zur Ostlerhütte, die direkt auf dem Breitenberggipfel steht und einen herrlichen Talblick bietet. Anspruchsvollere Wanderer lockt der abweisend aussehende Aggenstein.

Zur Ostlerhütte auf dem Breitenberg: Von der Bergstation auf unbefestigtem Fahrweg hinauf zur Einsattelung zwischen Aggenstein und Breitenberg und rechts (steile Stellen mit Stufen am Rand) hinauf zur Ostlerhütte.

Runde über den Aggenstein: Von der Bergstation der Breitenbergbahn auf dem unbefestigten Fahrweg hinauf zur Einsattelung zwischen Breitenberg und Aggenstein. Dort halten wir uns links (Wegweiser »Aggenstein«), wandern über die Alpweiden leicht hinab und steigen dann über die zahlreichen Serpentinen zur Ostschulter des Aggensteins und hinauf zum Gipfel (Drahtseilsicherungen und Ketten), den ein mächtiges Holzkreuz schmückt. Jenseits wandern wir dann zurück zur Wegverzweigung unterhalb und auf leichterem Bergwanderweg links hinab zur Bad Kissinger Hütte. Von Alpenvereinshaus folgen wir kurz der Route zum Füssener Jöchl (Mark.-Nr. 414), bis links der Abstiegsweg über den »Bösen Tritt« nach Pfronten abzweigt. Über steile Serpentinen geht es hinab zur Wegverzweigung am Beginn des Ostgrats. Dort wandern wir links – nahezu eben – auf markiertem Wanderweg zurück zur Bergstation der Breitenbergbahn auf der Hochalpe.

Abstieg nach Pfronten: Bei der Diensthütte am Fuß des Ostgrats zweigt rechts der Abstiegsweg durch die Reichenbachklamm (Wegweiser) ab. Auf schmalem Weg geht es durch Wald hinab zur Talstation eines Lifts; dann kurz auf einem Wirtschaftsweg weiter, bis rechts der Weg zur Reichenbachklamm abzweigt, die wir mit Drahtseilen und Geländern gut gesichert

Von der Ostlerhütte bietet sich ein herrlicher Tiefblick auf das Pfrontener Talbecken.

Heimathaus in Pfronten

Das Heimathaus in der Kirchsteige 1 bietet seit 1995 eine sehenswerte volkskundliche Sammlung zur lokalen Lebenswelt und zu den Erwerbsquellen der Region wie Landwirtschaft, Holz- und Flachsverarbeitung. Öffnungszeiten: Montag 15–17 Uhr, Donnerstag 17–19 Uhr

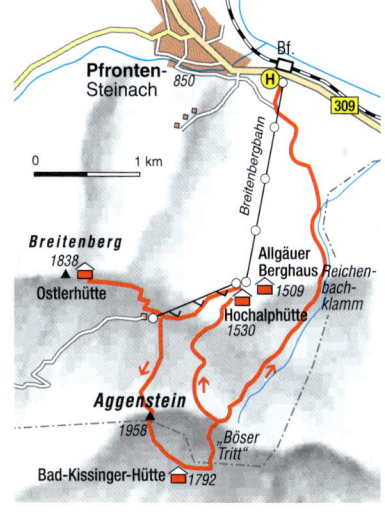

passieren. Allmählich weitet sich das Bergtal, und bei der Talstation eines Materiallifts folgen wir links den Wegweisern zurück zur Talstation der Breitenbergbahn.

58

Auf den Grünten

Durch die Starzlachklamm auf den Wächter des Allgäus

Leicht | 16 km | 900/900 Hm | 7.15 Std.

Tourencharakter: Zu Beginn Wirtschaftsweg und breiter Wanderweg, dann Steig mit Brücken, Drahtseilen und Geländer durch die Klamm; am Aufstieg zum Grüntenhaus zum Teil steile Bergwanderwege, ebenso zum Übelhorn

Ausgangs-/Endpunkt: Bf. Sonthofen (843 m)

Höchster Punkt: Übelhorn (1738 m)

Anfahrt: Von München mit der Deutschen Bahn über Buchloe, Kempten und Immenstadt nach Sonthofen. Fahrzeit: 2 Stunden 10 Minuten. Vom Bahnhof mit RVA-Bus in den Ortsteil Winkel (oder zu Fuß)

Einkehr: Klammwirt (790 m, am Schluchteingang), Berggasthaus Alpenblick (1060 m), Alpe Topfen (960 m), Alpe Kehr (1080 m), Obere Schwandalpe (1330 m), Grüntenhaus (1585 m, privat, Übernachtung)

Karte: TK 1:50 000 Allgäuer Alpen (LDBV)

Informationen: www.sonthofen.de

Der Grünten war schon früh als Bergwanderziel populär, deshalb wurde dort oben mit dem Grüntenhaus bereits im Jahr 1852 die erste gewerbliche Hütte der Allgäuer Alpen erbaut. Als Auftakt zu dieser Tour wandern wir jedoch erst mal durch die Starzlachklamm, die bereits seit 1932 für Besucher erschlossen ist.

In Winkel gehen wir zunächst zum oberen Ende des Parkplatzes, queren dort eine kleine Brücke und halten uns dann auf breitem Wirtschaftsweg rechts.

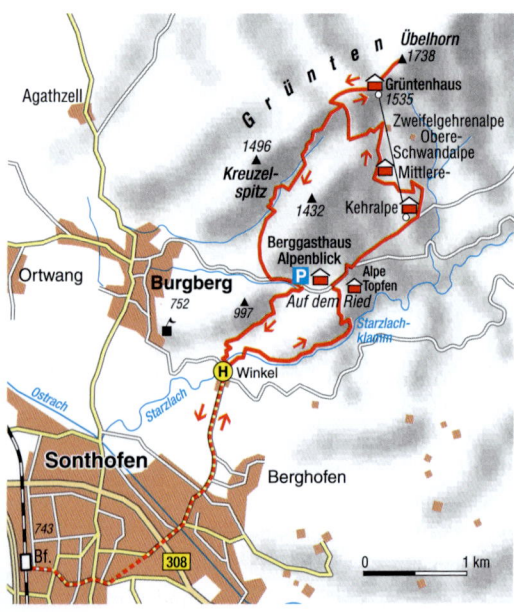

Schon nach einigen Minuten zweigt rechts der Klammweg ab, der uns zum Klammeingang führt. Dort befindet sich auch ein großartiger Wasserfall. Über eine kleine Brücke geht es zum Klammwirt. Die ersten Meter sind etwas arg schmal, aber mit Geländer und Drahtseil gesichert. Dann nimmt uns die Schlucht auf, und der gut mit Stegen, Geländer und Brücken gesicherte Klammsteig führt uns entlang rauschender Kaskaden, Gumpen und schnell fließen-

Kurz vor dem Übelhorn, der höchsten Erhebung des Grünten, befindet sich eine Umsetzstation des Senders Grünten.

dem Gewässer immer höher durch dunklen Wald zu einer Wegverzweigung. Hier steigen wir nun über Serpentinen (Geländer, Drahtseilsicherungen) links hinauf zum Schluchtrand.

Bald ist die Höhe »Auf dem Ried« erreicht. Rechts unten liegt die Alpe Topfen, vor uns das Gasthaus Alpenblick. Beim Gasthaus halten wir uns rechts und folgen einem breiten Fahrweg. Bei der Alpe Kehr verlassen wir diesen nach links und steigen über die Alpweiden steil hinauf zur Oberen Schwandalpe. Dann folgen wir dem Bergpfad hinauf zur Zweifelgehrenalpe, wo sich kurz vorher unser Weg verzweigt. Links haltend geht es weiter bergan und nahezu eben hinüber zum Grüntenhaus. Der zusätzliche Gipfelabstecher zum Übelhorn nimmt eine Stunde Gehzeit in Anspruch.

Vom Grüntenhaus wandern wir dann rechts hinüber zum bewaldeten Kamm (Wegweiser) und links haltend hinab weiter in den bewaldeten Graben, der den Kreuzelspitz und die Stuhlwand trennt, und geradewegs mit vielen kleinen Serpentinen hinab. Kurz bevor wir die Fahrstraße zum Berggasthaus Alpenblick erreichen, geht es links auf einem Ziehweg zu dieser. Nun folgen wir ein paar Hundert Meter dieser Straße bergwärts, bis rechts – kurz vor dem großen Parkplatz – ein ausgeschilderter Pfad abzweigt (Wegweiser). Auf diesem geht es durch Wald hinauf zu einem Scheitelpunkt, dann jenseits hinab nach Winkel.

59 Heilbronner Höhenweg

Klettersteig zwischen Rappenseehütte und
Kemptner Hütte

● Schwer	22 km	1850/ 1850 Hm	10.30 Std.

Tourencharakter: Hochalpiner Höhenweg mit Klettersteigeinlagen. An den heiklen Passagen mit Drahtseilen und Eisenbügeln gesichert, 15 Meter hohe Eisenleiter. Nur bei sicheren Wetterverhältnissen begehen

Ausgangspunkt: Bushaltestelle Birgsau (950 m)

Endpunkt: Bf. Oberstdorf (800 m)

Höchster Punkt: Steinschartenkopf (2651 m)

Anfahrt: Von München mit der Deutschen Bahn (»Allgäu-Express« alias »Alex«) über Buchloe, Kempten und Immenstadt und Sonthofen nach Oberstdorf. Vom Bahnhof mit RVA-Bus nach Faistenoy bzw. Birgsau

Einkehr: Rappenseehütte (2091 m, AV-Hütte, Übernachtung), Waltenbergerhaus (2084 m, AV-Haus, Übernachtung), Kemptner Hütte (1844 m, AV-Haus, Übernachtung), Enzianhütte, Petersalm

Karte: TK 1:50 000 Allgäuer Alpen (LDBV)

Informationen: www.oberstdorf.de

Bei dieser Tour über den Allgäuer Hauptkamm bietet sich auch die Chance, gleich zu Beginn der Unternehmung den zweithöchsten Gipfel der Allgäuer Alpen, das Hohe Licht (2651 m), mitzunehmen. 2001 wurde der Heilbronner Höhenweg mit 220 neuen Haken und 650 Metern Drahtseil saniert.

Beim Berggasthaus in Einödsbach beginnt der markierte Hüttenweg; zunächst geht es hinab zum Steg,

der den Bacherlochbach quert, dann jenseits leicht ansteigend durch Wald zu einer Wegverzweigung; dort links steil hinauf in steilen Serpentinen zur Petersalm und weiter zur Jausenstation Enzianhütte. Von dort wandern wir weiter in Kehren hinauf zu einem wenig ausgeprägten Sattel (Wegverzweigung), dann hinauf zum Sattel am Seebichl und kurz hinab zum großen Unterkunftshaus mit dem idyllischen Rappensee.

Auf dem Heilbronner Weg zur Kemptner Hütte: Von der Rappenseehütte, die uns als Stützpunkt gedient hat (mit Überfüllung muss allerdings gerechnet werden), steigen wir am nächsten Tag angenehm schattig über

Das neue, modern gestaltete Waltenbergerhaus über Einödsbach. Dort steigen wir hinauf, wenn wir nur den einfacheren, zweiten Teil des Heilbronner Weges begehen wollen.

Weideböden und ein Schuttkar hinauf zur Großen Steinscharte (2485 m). Über eine drahtseilgesicherte Rinne erreichen wir bald die Wegverzweigung zum Hohen Licht. 200 Höhenmeter trennen uns hier vom zweithöchsten Gipfel der Allgäuer Alpen. Der unschwierige Abstecher kostet uns nur eine gute Stunde Gehzeit.

Dann beginnt der anspruchsvolle alpine Teil des Heilbronner Wegs, der erst an der Östlichen Bockkarscharte endet, um dann als leichter Höhenweg zur Kemptner Hütte weiterzuführen. Der Heilbronner Weg gehört zu den beliebtesten gesicherten Höhenwegen am Nordrand der Alpen. An schönen Herbsttagen muss daher mit einem »Verkehrsaufkommen« von Hunderten Begehern gerechnet werden. Der bereits im Jahre 1899 mit großem Aufwand eingerichtete Steig verläuft in einer Höhe von durchschnittlich 2600 Metern, da heißt es, auch im Sommer bei Gefahr von Wetterumschwüngen vorsichtig sein.

Über ein teilweise ausgesetztes Geröllband führt unser Weg nun zum »Heilbronner Törl«, einem kleinen Felsspalt, der passiert werden muss; über die Kleine Steinscharte (2541 m) erreichen wir bereits den klettersteigtechnischen Höhepunkt dieser Tour, eine 15 Meter lange Eisenleiter. Sie hilft uns bei der Überwindung des südwestlichen Abbruchs des Steinschartenkopfs (2651 m), der, abgesehen vom Abstecher zum Hohen Licht, den höchsten Punkt des Heilbronner Wegs darstellt. Eine umfassende Aussicht auf die Allgäuer und Lechtaler Alpen, das Verwall, das Rätikon und die Silvretta sind der Lohn der Mühe.

Unser Steig leitet uns dann nordwärts weiter über gesicherte Felspassagen vorbei am Wilden Mann (2577 m) hinab zur Socktalscharte (2446 m). Hier bietet sich die erste Abkürzungsmöglichkeit zum neu

erbauten Waltenbergerhaus an (etwa 1 Std. Gehzeit auf Pfad; bei Vereisung aber gefährlich). Jenseits der Socktalscharte geht es dann weiter in Serpentinen durch eine steile Wand hinauf zu einem Grat (drahtseilgesichert), in dessen weiterem Verlauf wir den Bockkarkopf (2609 m) überschreiten. Dann über den gesicherten Nordostgrat hinab zur Westlichen und weiter zur Östlichen Bockkarscharte (2504 m).

An der Kleinen Steinscharte am Heilbronner Weg

Der alpine Teil liegt nun hinter uns. Entweder entscheiden wir uns an dieser Stelle, links auf steilem Pfad hinab zum Waltenbergerhaus zu wandern und durch das Bacherloch nach Einödsbach zurückzukehren, oder aber wir folgen dem zweiten Abschnitt des Heilbronner Wegs, der uns ohne Probleme an Hochfrottspitze und Mädelegabel (dankbarer Abstecher) vorbei über die Schwarze Milz zur Kemptner Hütte leitet. Von dieser Alpenvereinshütte führt dann ein gut bezeichneter Bergsteig (Teilstrecke des E 5) durch den berüchtigten Sperrbachtobel hinab ins Tal der Trettach; dort geht es bald auf Fahrweg weiter nach Spielmannsau und hinaus nach Oberstdorf.

60 Gipfelrunde am Hochgrat

Abstieg mit zahlreichen Einkehrstopps

Mittel | 10 km | 150/1010 Hm | 4.15 Std.

Tourencharakter: Anstieg auf den Hochgrat auf Wanderweg; Abstiegsrunde im Gipfelbereich auf felsigem Steig und auf Bergwegen

Ausgangspunkt: Bergstation der Hochgratbahn (1708 m)

Endpunkt: Talstation der Hochgratbahn (856 m)

Höchster Punkt: Hochgrat (1834 m)

Anfahrt: Von München mit der Deutschen Bahn über Buchloe (oder Ulm), Kempten und Immenstadt nach Oberstaufen (umsteigen in Buchloe oder in Immenstadt). Fahrzeit: ca. 2 Stunden. Buspendelverkehr über Steibis zur Talstation der Hochgratbahn

Bergbahn: Hochgratbahn

Einkehr: Staufner Haus (1614 m, AV-Haus, Übernachtung), Falkenhütte (1450 m, privat, Übernachtung), Stiegalpe, Obere Lauchalpe und Untere Lauchalpe

Karte: TK 1:50 000 Allgäuer Alpen (LDBV)

Informationen: www.oberstaufen.de

Wer genug Zeit mitbringt, wandert nach der Ersteigung des Hauptgipfels zurück zur Bergstation, dann weiter in Richtung Westen und überschreitet einen Teil der Nagelfluhkette. Über mehrere Einkehrstellen erreichen wir wieder die Talstation der Hochgratbahn.

An der Bergstation der Hochgratbahn wandern wir um das Gebäude herum und folgen links dem breiten Pfad an der Gratkante entlang oder gehen rechts davon durch die freien Hänge hinauf zum Gipfelkreuz. Der Hochgrat ist nicht nur der höchste Gipfel der Westallgäuer Berge, sondern auch ein großartiger Ausblicksberg. Bei schönem Wetter reicht der Blick bis zum Bodensee. Obwohl der Hochgrat nach Norden mit Felsabbrüchen abfällt, ist er auch für Nichtschwindelfreie zu schaffen (gesicherter, breiter Weg).

Die Abstiegsroute: Vom Gipfel des Hochgrats wandern wir zurück zur Bergstation und folgen dann dem breiten Weg auf dem Kamm (Wegweiser »Falkenhütte«) in Richtung Westen. Nach wenigen Minuten führt rechts ein schmaler Fahrweg hinab und mit einem Schlenker nach links können wir das Staufner Haus erreichen, das sich für eine Übernachtung anbietet. Dann wird der breite Weg zum Pfad, und wir wandern auf dem Nagelfluhgrat nach Westen, überschreiten (oder umgehen) den Seelekopf, den Hohenfluhalpkopf und die Rohnehöhe, die aufgrund ihrer Zusammensetzung aus Nagelfluh interessante Gesteinsbildungen und eine üppige Flora aufweisen

Rückblick vom Weg zur Falkenhütte auf den Hochgrat; links unten befindet sich das Staufner Haus.

und so für Abwechslung sorgen. Die Einschartungen zwischen den Gipfeln sind nur mäßig, sodass wir keine großen Höhenunterschiede zu bewältigen haben.

Der Steig führt über vereinzelte Felsstufen mit Drahtseilsicherungen und einer Eisenleiter. Nach der Falkenhütte folgen wir den Wegweisern zur Talstation und passieren auf unserem Abstiegsweg erst zwei uralte Bergahorne, bis wir den Berggasthof Stiegalpe erreichen. Hier nehmen wir den unteren Weg, der uns über die Untere Stiegalpe zur Talstation der Hochgratbahn bringt.

Rottach-Egern am Tegernsee

Gustav Gans

Register